U0103678

从前有书个生

南宋篇

房昊

著

天津出版传媒集团

百花文艺出版社

图书在版编目（CIP）数据

从前有个书生. 南宋篇 / 房昊著. -- 天津：百花
文艺出版社，2023.7
ISBN 978-7-5306-8480-1

Ⅰ.①从… Ⅱ.①房… Ⅲ.①中国历史–南宋–通俗
读物 Ⅳ.①K209

中国国家版本馆 CIP 数据核字(2023)第 084763 号

从前有个书生：南宋篇

CONGQIAN YOU GE SHUSHENG：NANSONG PIAN

房昊　著

出 版 人：薛印胜
选题策划：唐冠群
责任编辑：胡晓童
装帧设计：丁莘苡
出版发行：百花文艺出版社
地址：天津市和平区西康路 35 号　　邮编：300051
电话传真：+86-22-23332651（发行部）
　　　　　+86-22-23332656（总编室）
　　　　　+86-22-23332478（邮购部）
主页：http://www.baihuawenyi.com
印刷：天津新华印务有限公司
开本：787 毫米×1092 毫米　　1/32
字数：193 千字
印张：10.125
版次：2023 年 7 月第 1 版
印次：2023 年 7 月第 1 次印刷
定价：55.00 元

如有印装质量问题,请与天津新华印务有限公司联系调换
地址:天津东丽开发区五经路 23 号
电话:(022)58160306　邮编:300300

目录

第六部分　留取丹心照汗青:至死不屈的脊梁

第一部分

物是人非事事休：南渡前后的悲与苦

一生负气成今日,四海无人对夕阳。

这诗里有种孤独终老的画面感,姑娘站在夕阳下,身前身后皆无人,这么多年过去她已是霜鬓雪鬟,但还是不肯对世事低头。

所以她孤独终老。

所以她的这幅画面,就不是清冷的,岑寂的,还有一簇倔强的火光跳跃其中。

这很李清照。

以前我看李清照,只知她是婉约派的代表,《漱玉词》里的离愁别怨、女儿心思,从来惹人注目,还有些喜欢喝酒,赌棋的业余爱好。

至多再耳闻些她与赵明诚的恩爱故事。

如今再看李清照,从她意气飞扬,可爱跳脱的少女时代,到"欲将血泪寄山河,去洒东山一抔土"的暮年悲慨,我忽然很想跟她喝几杯酒。

我想跟她说:"赵明诚算什么东西,也配得上你?"

我又想跟她说："那世道又算什么东西，你如瑶林琼树，自是风尘外物。"

李清照就笑，笑得前仰后合，一如当初跟赵明诚赌书泼茶的模样，她笑着说："我实在没想到，原来数百年后，我竟没了骂名。"

隔着几百年，固然我只是再寻常不过的读书人，竟也很心疼她。

且来把酒说从头吧。

1

很多年以后，七十二岁的李清照在临安城里见到了一个清丽聪慧的小姑娘，她像是见到童年的自己，一双大眼睛灿若星辰，读书过目不忘。

这是她的邻居，其父是末品小官，敬仰她的文才，常携女儿来访。

李清照望着这个小姑娘，忍不住对其父说："你女儿比你有灵气。"

顿了顿，她又认真道："我想把这些年所思所学，尽数传给你女儿，你可愿意？"

其父岂止愿意，简直惊喜，他笑呵呵地领女儿来拜师，抵达李清照院门的时候，恰逢一阵西风吹落晚霞，夕阳藏进了云朵后。

这家的小姑娘对李清照恭恭敬敬施了一礼,说:"多谢李大家,恕我不能拜您为师。"

无视其父的一脸茫然,李清照幽幽叹了口气,她问道:"是我才薄缘浅?"

这小姑娘摇摇头,望着李清照欲言又止,最终还是李清照摆摆手,让她但说无妨,小姑娘才道:"跟那些都没关系,是因为我觉得……才藻非女子事也。"

这七个字,打碎霞光与西风,跨过七十年风霜,击穿了李清照的一生。

"三杯两盏淡酒,怎敌他,晚来风急。"

这般晚景,是十六岁的李清照无论如何都想不到的。

那时年少春衫薄,一日看尽长安花,十六岁的李清照除了笑还是笑。跟朋友去溪亭行舟,凑一起打马赢棋,她笑起来时眼睛亮亮的,鼻子微微皱起宛如涟漪,不像春风,不似秋水,而是那种笑意荡开,你一看就忍不住要与她同乐的笑。

汴京城万种繁华也像是为她而生的,她随手捞起一把,便能成就闲情雅致的传世之作。

　　常记溪亭日暮,沉醉不知归路。兴尽晚回舟,误入藕花深处。争渡,争渡,惊起一滩鸥鹭。

这是个大胆的少女啊,水中迷路,四顾茫茫,又是斜风铅云的天色,朋友扯扯她的袖子说:"要不掉头回去吧。"

李清照还在笑,她说:"掉头回去,就知道路在何方吗?"

朋友都快哭了,既然已经迷路,回头也是一片陌生场景,鬼知道能不能出去。

李清照抱了抱自己的朋友,语气温柔,说:"不如我们打个赌啊?"

朋友一头雾水。

李清照说:"如果我能带你出去,你就输我一首诗,如果我们出不去,我就输你一首词,反正闲着也是闲着,找点乐子嘛。"

朋友有些凌乱,心想这都什么时候了还打赌?

只是望着李清照的笑,朋友莫名其妙的也跟着轻松起来。

当李清照一头扎进藕花深处,迎面飞起一滩鸥鹭,她晃了晃神,回头就拉着朋友欢呼长笑,朋友能怎么办,朋友只好也开始笑。

天边云霞倒影水中,夕阳钓起飞鸟成群,两个少女的笑声荡开在这幅画卷里。

这画卷分外好看。

那天李清照最终还是没带朋友走出去,不过溪亭并不大,等不来自家小姐的丫鬟早早请人来寻,太阳彻底落山之前,两位少女终于脱身登岸。

以前没留意,现在才知这首小词里的李清照有多可爱。

灵动、洒脱,无论面对什么境况,都颇有种一蓑烟雨任平生的心态。

当然，因为迷路之后还敢兴尽晚回舟，家人必定放不过她。只是严父再严，对这么一个可爱的女儿，总是没什么办法的。

又逢暮春时节，萧萧风雨闭疏窗，不愿再招惹父亲的李清照只好宅在家里跟丫鬟们打牌喝酒。

家里人一头雾水。

李清照一脸乖巧。

第二日清晨，李清照从酒醉中醒来……京城就多了一首名留青史的小令。

     昨夜雨疏风骤，浓睡不消残酒。试问卷帘人，却道海
    棠依旧。知否，知否，应是绿肥红瘦。

前唐五代，大宋百年，这么多词人这么多词，却没有这般小巧灵动的、雨疏风骤的环境，不消残酒的心境，还有合辙押韵的对话。

少女试问小丫鬟："窗外花草如何？"

想来小丫鬟昨夜打牌也累，困困的，说："还是那样呀，所谓海棠依旧。"

李清照就不困了，她来了精神，大眼睛闪啊闪，笑容里有点淡淡的狡黠，她说："不对不对，你细看，应是绿肥红瘦了。"

小丫鬟蒙了,心想你知道还问我干吗?

李清照又笑起来,笑完望着窗,又轻轻一叹,说:"傻丫头,春天就要过去啦。"

这样一幅画卷随意展开,两个鲜活的人物蹦出来,里面还有声文人最喜欢的、伤春悲秋的叹息藏进去。《如梦令》一时广为流传,京城之中人人侧目。

时称:文士莫不击节赞赏,未有能道之者。

正是在那天以后,京城的文人墨客才发现原来真的有巾帼不让须眉。

当然也有人腹诽,跟朋友窃窃私语,说近来出挑的女词人,只不过会写点闺怨闲情,登不上大雅之堂。

这话传得很刁钻,真有才华的能听出是嫉妒,但总有人跟着附和。

毕竟这世上还是俗人多。

要反驳呢,也不好反驳,显得你跟智障论短长,所以李清照也没反驳,她只是简简单单和了两首诗——近年苏门四学士之一的张耒,为颜真卿所写的《大唐中兴颂》碑题诗,谈安史之乱前后兴废。这首七言古诗一经问世便广为流传,人人拍案叫绝。

深闺之中的李清照,就和了张耒的这首诗。

五十年功如电扫,华清花柳咸阳草。

五坊供奉斗鸡儿,酒肉堆中不知老。

....

君不见惊人废兴传天宝,中兴碑上今生草。

不知负国有奸雄,但说成功尊国老。

....

　　这两首大唐气象的诗传出去,里面还有"夏商有鉴当深戒,简策汗青今具在"这等以古喻今的警句夹杂其中,不知惊掉了多少俗人的下巴。

　　要知道,那年的李清照只有十六七岁而已。

　　关于张耒的这首诗,既然流传这么广,自然和诗众多。比如江西诗派掌门人,"桃李春风一杯酒,江湖夜雨十年灯"的黄庭坚,前不久也出手过。

　　而十六七岁的少女诗作跻身其中也就罢了,还与之平分秋色,真成了花中第一流。

　　范仲淹说:"淬词为锋,则浮云我决,良玉我切。"

　　李清照这两首诗气象雄浑,意气纵横,如刀光一闪,列缺霹雳,把几个乱嚼口舌的小人,斩得哑口无言。

　　这还没完。

　　那些人说她只懂得写闺怨闲情的小令,没有文词功夫,她就要给世人翻译翻译,究竟什么才叫写词——她抽出一刀《词论》,要为写词开宗立派。

　　像苏东坡以诗为词,乃是不讲音律。

如柳永混迹秦楼楚馆，未免遣词流俗。

至于王安石、曾巩，文章是好文章，填的词简直贻笑大方。

也就是晏几道、贺铸、秦观这些人的词还能看，但是呢，晏几道不会铺叙，贺铸不太庄重，秦少游的词里则少了几分实际的画面与情景。

那词该怎么写呢？

且听我道来，词别是一家，与诗文不同，要讲轻重清浊，音律协调，还要铺叙场景，点染情绪，用词最好清丽典雅，用典更要润物无声。

这些问题，以前的文坛大家没注意，以后，就由小女子来教各位写词。

《词论》一出，文坛哗然。

所有读书人仿佛都看见一个轻灵可爱的妖女，荡着秋千飘在他们上空，笑嘻嘻说："我不是针对谁，我是说在座的各位，都是垃圾。"

叫人又恨又爱，又觉少女情怀，就该不落尘埃。

那座即将坠毁的汴京城里，这位看轻天下须眉的少女正笑得灿烂，对命运的造访毫无准备。

玉壶光转，鱼龙夜舞，这年元宵灯会，她遇到赵明诚。

命运向来是无情又卓绝的作家，那些年赌书泼茶的爱情，恰为物是人非的晚景埋下草蛇灰线般的伏笔。

2

遇见赵明诚的时候,李清照正跟族兄逛灯会。

其实这些灯谜都很好猜,香车宝马在汴京城里也算常见,李清照却还是很喜欢元宵节,人间烟火气,岂能不留意?

见众生,有时比见天地更有趣。

比如见到一个清秀的书生正对灯谜苦思,片刻后眉头舒展,眼睛里一点点放出光,几乎就要双掌一击,高呼说:"咦,我中了!"

当然那书生还是矜持下来,努力保持了自己的风度,轻咳两声,含笑解开灯谜。

奖品是一方印章,底是篆字,书生自顾低头把玩,脸上是藏不住的笑,直直向李清照走来。

李清照一头雾水。

你不看路的吗?

这两年李清照也悄悄在家见了些同龄公子,且不说谈吐气度,身份才华,那些人似乎都有种提前披风浴雪后的世故,同时又保有了少年人独特的自负。

尘世浊物,莫过于此。

而李清照见到面前的书生,终于在大千世界里见了真人,真人有痴,痴人才会说梦,才会有那般旁若无人的笑。

这人当然就是赵明诚。

李清照一生都忘不了此时此刻赵明诚的笑容。

割舍功名荣辱，不在乎人间山水，汴京城元宵节的火树银花都被他抛在脑后，只沉醉于心底的风景，无论寒暑贵贱，他都自成天地。

望着要撞上来的赵明诚，李清照忽然一笑道："呆子，看路。"

这声笑闯入赵明诚的世界里，二十岁的书生抬起头，见到天风吹落星如雨，雨中姑娘一笑，宛如东风夜放花千树。

赵明诚显得更呆了。

李清照笑得更开心，凑过去看了一眼赵明诚手里的印章，指着那字道："这是金文呀，我向来以为印宗秦汉是正理，如今终于遇到了同道。"

赵明诚瞬间就不呆了，两眼放光，兴奋地谈起了印章源流。

人海茫茫，两人伫立在长街上，赵明诚谈笑风生，李清照眉目如画。李清照的族兄自不远处走来，望见这一幕不禁有些失神。

"我就离开这么一会儿，怎么妹子就碰见猪了？"

定睛一看，原来这头猪是赵明诚。

族兄跟赵明诚是朋友，他上前打了个招呼，才终于让赵明诚再次回归现实。

于是赵明诚反应过来，自己还没问姑娘芳名，就与人攀谈良久。他脸有点红，这会儿才想起来问名字，是不是有些唐突了？

这时李清照的声音响起，她说："哥，这位公子是谁呀？"

族兄淡淡地瞄了赵明诚一眼，对李清照说："这是赵明诚。"

族兄又笑呵呵看着自家朋友，指着妹妹介绍道："赵兄应该听过舍妹的名字，那首《如梦令》，那一丛绿肥红瘦，堪称百年不出的绝句……"

李清照打断了哥哥的吹嘘，笑道："小女子李清照。"

赵明诚听到这个名字，呼吸都停了几秒，胸中掀起丈高大浪，心想什么小女子啊，你还小女子那哪有大丈夫？

赵明诚的脸更红了，二十年的惯性让他努力保持住风度，除一双手有点儿多余，不知该往哪儿放之外，还算得上镇定。

赵明诚强自镇定地大声说："原来是李姑娘当面，李姑娘必成当代大家！"

族兄被赵明诚的大嗓门儿吓了一跳，路人都纷纷侧目，李清照倒是忍俊不禁，施礼道："那就承赵公子吉言啦！"

赵明诚眨眨眼，觉得自己今晚的风度怕是已经没了。

那就不要什么风度了，赵明诚一念放开，更是神采飞扬，踏前两步，跟李清照说："固然近来最显李姑娘风采的还是那首《如梦令》，但不才酷爱金石，见到李姑娘那两首基于大唐中兴碑的和诗，实在是如见太古风，如出天地间。姑娘以后若有新作，不才必当拜读。"

这么真挚的欣赏，令李清照也有些耳热。

于是她低声笑道："好啊，一言为定。"

二十二岁的赵明诚心花怒放，这是他最美妙的一个元宵节，那时他还很年轻，诗万首，酒千觞，只要金石在眼前，李家姑娘放心底，何曾着眼看侯王？

只可惜人没能永远年轻。

之后的一段日子里，两人的来往越发密切，两家的交往也频繁起来。

有时候李清照也会想起赵明诚，这种想起不分场景与时间，赵明诚像个飘忽不定的魂灵，就是午夜梦回也要闯进来见见她。

连自己荡秋千，赵明诚都要跑到脑海里来找她。

李清照想，这呆子可真不要脸。

正荡着呢，丫鬟哒哒哒跑进后院，说："小姐小姐，赵公子来啦！"

冒失的小姑娘吓了李清照一跳，她身上玩出了一层汗，衣衫微透，这岂能被赵明诚那呆子撞见？

李清照拉着小丫鬟跃下秋千，风风火火往屋子里走，走得太快，袜子都滑下几分，金钗也坠落在地，没办法，李清照都听见赵明诚的声音了！

这人怎么这样啊，跑这么快是急着见谁啊？

这会儿离屋门还有段距离，李清照干脆不躲了，她藏在门后，也悄然探出了头。

恰撞见赵明诚的目光投过来。

两人四目相对瞬间,李清照猛地扭过头去,满脸写着"我才没有想见你呢"的表情,旁若无人地嗅起青梅。

赵明诚笑得越发呆了。

呆到赵父都忍不住,沉下脸轻咳了两声。

赵明诚顿时乖巧。

> 蹴罢秋千,起来慵整纤纤手。露浓花瘦,薄汗轻衣透。
>
> 见客入来,袜刬金钗溜。和羞走,倚门回首,却把青梅嗅。

这首小词过后,两人的心迹多少也被两家人知晓,没有那么多坎坷与误会,少年时代最美好的爱情就这样水到渠成。

两人成婚了。

彼时赵明诚还在太学读书,李清照闲暇之余,也开始托腮期盼初一、十五。

那是太学的告假日,赵明诚每次都会回来,跟她去相国寺逛街,买点小吃,捡点碑文,边吃边谈古论今。

两家都是持身中正的,没有多少浮财,赵明诚在太学省吃俭用,往往还要在放假的时候典当几件衣物,才能跟李清照一起逛街采买。

朋友们常常对李清照发出羡慕的嘤嘤声,这些朋友大多也已成婚,她们的丈夫有的在读书,有的已入仕,有的富贵,有的贫穷，但共同点还是有的——告假的日子里，免不了要去秦楼楚馆交际，自称是被迫享受汴京城的笙歌风流。

赵明诚没有。

李清照笑嘻嘻地说："这才是正常的呀。"

即使后来赵明诚出仕为官，两人也琴瑟和鸣，赵明诚出差宦游时，连月不见人，李清照出门游玩的心情都消失了。

李清照有一杯没一杯地喝酒，她跟丫鬟叹息说："哎呀，爱情这东西呀，真是害人不浅。"

丫鬟翻了个白眼说："那您这首词还寄吗？"

李清照鼓着腮帮子说："当然寄啊，我想他想得都瘦了，岂能不叫这呆子知道？"

薄雾浓云愁永昼，瑞脑销金兽。佳节又重阳，玉枕纱厨，半夜凉初透。

东篱把酒黄昏后，有暗香盈袖。莫道不销魂，帘卷西风，人比黄花瘦。

这首《醉花阴》寄出去，赵明诚也恨不能飞回汴京，他也想回自家夫人一首词说："我也想你想得苦呀。"

但他绞尽脑汁，写了五十首，拿给朋友一看，朋友说还是只有三句绝佳。

要问哪三句，自然是："莫道不销魂，帘卷西风，人比黄花瘦。"

赵明诚无语了。

片刻的失神过后,赵明诚又兴奋起来,他说:"这可是我夫人写的,怎么样,我夫人厉害吧?"

朋友人都傻了,好端端走在路上,突然就被喂了一嘴狗粮。

这样的日子又过了很久,其间李赵两家先后在党争中受牵连,年轻的夫妻只能隐居青州。李清照当然不在意荣华,还给自己起了个易安居士的名号,闲看花开花落。

只是碰见上好的书画,比如南唐的《牡丹图》,李清照跟赵明诚借来观摩良久,从画技到南唐的印章诗书,人物风流,聊了数个通宵。

奈何没钱就是没钱,这幅《牡丹图》最终还是要还回去。

返家的路上,李清照看见赵明诚低落了许多。

那时她还没有多想,她只是蹦蹦跳跳的,二十五六的年纪,还如少女般娇俏,她拍了下夫君的肩膀,脆生生道:"打起精神来嘛,江上之清风还在吹,云间之明月还朗照,愁眉苦脸可对不起这份光景。"

赵明诚于是就笑。

只是他的眼睛里,多多少少开始沉淀些昏黄的光。

这隐居青州的十几年里,李清照闲来打牌消遣,宅家里就跟赵明诚赌书喝茶,指书中某一页是何内容,来赌一个输赢。

赵明诚苦思冥想,终究不如李清照记得多,每每决出胜负手,李清照端茶赌中,忍不住扬声大笑,连手里的茶也泼在地上。

> 余性偶强记,每饭罢,坐归来堂烹茶,指堆积书史,言某事在某书某卷第几页第几行,以中否角胜负,为饮茶先后。中,即举杯大笑,至茶倾覆怀中,反不得饮而起。

赵明诚能怎么办,赵明诚也只能笑。

赵明诚想,这个姑娘可能就是我疲惫生活里所有的光。

只可惜这盏光没办法给他一个孩子。

这十几年里,李清照都没有子嗣,她身处那个时代,对许多事也看得开,赵明诚纳妾要延续香火,她除了喝几杯酒外,也没法反对。

赵明诚纳妾的时候,她也无意为难那个姑娘,自己在后院独对黄昏罢了。

朋友说:"你这是干吗呀,赵明诚能到今日才纳妾已经很不错了,他心里最重要的终究是你,何必顾影自怜?"

李清照皱着眉说:"不是顾影自怜,我只是不太甘心。"

朋友狐疑说:"这有什么不甘心的?"

夕阳落在杯中,晚霞横在天上,风吹过李清照额前长发,她低头望着落日说:"其实女儿家成婚,也是一场赌局。赵明诚值得我赌,我也愿赌服输。我不是说赵明诚纳妾,是很多输不起的局面,只是我没想到过……"

朋友们面面相觑，这种太常见的事，你有什么想不到的。

更何况你还没有子嗣。

随手挥了挥，像是要挥走脑海里的烟云，李清照喃喃道："从前我不喜欢秋天，人们说秋天总是会来的，我不服气。我想我就是可以停在春风里，我有千古绝句，我赌到了赵明诚，我想我或许还能把秋天从我的世界里搬走。"

"原来秋天是搬不走的。"

她吞下一杯晚霞，抬头的时候又目光灼灼。

这个姑娘回头冲朋友们笑得灿烂，她说："没关系，晴空一鹤排云上，便引诗情到碧霄，才输半局而已，到了秋天我也要把秋天过好。"

几年后，赵明诚也不再待在青州，要奔波四方，再求官职。

离别后，万千心事上眉头，李清照望着悠悠东流水，也不知自己究竟在望谁，没来由地想起南唐后主的：问君能有几多愁，恰似一江春水向东流。

遂提笔写词：

> 香冷金猊，被翻红浪，起来慵自梳头。任宝奁尘满，日上帘钩。生怕闲愁暗恨，多少事、欲说还休。新来瘦，非干病酒，不是悲秋。
>
> 明朝，这回去也，千万遍阳关，也即难留。念武陵人远，烟锁秦楼。惟有楼前流水，应念我，终日凝眸。凝眸处，

从今又添，一段新愁。

彼时的李清照还未曾想，秋天既然来了，那萧萧风雪的冬日，又岂会太远？

这混浊的世道，已经给命运蘸满了恶意的墨。

多少事，欲说还休，步入中年，日渐疏远的赵明诚、李清照会怎么办？

3

四十年感月吟风，多少事随波东流。

三十八岁的李清照离开青州，已在外奔走多年的赵明诚终能出山，出任知州。赵明诚匆匆回家，告诉李清照这个好消息后，又匆匆先行，赶赴莱州。

见到赵明诚兴高采烈的模样，李清照忽然很怀念十七岁的元宵节。

那里有灿烂明媚的少女，那里有一梦成痴的少年，但那已经是很久以前的事了，上元节的火树银花与少男少女，一起消失在遥远的春风里。

朋友们在昌乐为李清照送行。

如她这般的姑娘，总是不缺朋友的。以往的每一次离别，李清照总很洒脱，她想这世上的离别既然难免，那就每次都认真相处。

真到黯然销魂时，尽欢而散就是。

这次却很难尽欢。

别离的歌唱了一遍又一遍，杯中酒干了一盏又一盏，所谓：

> 泪湿罗衣脂粉满，四叠阳关，唱到千千遍。人道山长
> 山又断，萧萧微雨闻孤馆。

> 惜别伤离方寸乱，忘了临行，酒盏深和浅。好把音书
> 凭过雁，东莱不似蓬莱远。

擦干泪水，李清照踏上新的征途。

抵达莱州之后的场景，李清照早有预料，赵明诚在这里也有红颜知己，奔波这么多年终于重见天日，赵明诚也习惯了酒宴上左右逢源。

当初隐居青州时随处可见的诗书，满目琳琅的金石，还有始终陪在身旁的赵明诚本人，李清照到莱州的这天晚上，什么都没有见到。

李清照独坐室中，脑子里的思绪如奔马，乱马踢踏而来，踩碎万朵白云。

她以前跟赵明诚也是心有灵犀的，望见那些诗书金石，"会意心谋，目往神授，乐在声色狗马之上"。

怎么现在那些就不再重要了呢？

那些浪漫的，永恒的，岁月长河里鱼跃而出的东西，拨动你的心弦，点燃你的心火，照出神骏的白马与鲜花，你说我们相爱着，能抵千金，能抵万户侯。

这世界莫名其妙，光怪陆离，它非告诉你浪漫是傻子才相信的东西。

潮水褪去，就留你自己站在无星无月的旷野。

无人的室内，面前的案几，李清照见到本韵书，她不愿再多想了，她随手翻开这本书，要跟自己玩一个游戏。

翻到哪一页，就用这页的字为韵，写首诗排遣。

纸张"哗哗"作响，如听流年过耳。

宣和辛丑八月十日到莱，独坐一室，平生所见，皆不在目前。

几上有《礼韵》，因信手开之，约以所开为韵作诗，偶得"子"字，因以为韵，作感怀诗：

> 寒窗败几无书史，公路可怜合至此。
> 青州从事孔方兄，终日纷纷喜生事。
> 作诗谢绝聊闭门，燕寝凝香有佳思。
> 静中吾乃得至交，乌有先生子虚子。

原来我的心事，只有子虚、乌有两位先生能懂了，大千世界，万般锦绣，也万般无聊，未有强烈的爱恨，不见明月与大江，万丈红尘罩过来,叫人无处可逃。

随后,李清照便把这首诗摆在了案上。

上床呼呼大睡。

至于赵明诚会不会看到,看到会不会惭愧,又或者恼羞成怒……反正该说的话已经说完,是否回头,那他自己决定吧。

真像小女子般哭泣,当家大妇般宅斗,又如何是李清照会做的?

或许是大梦方醒,或许是跟几位小妾也没有子嗣,赵明诚见到这首诗的时候也恍如隔世,两鬓风霜,想起昨日少年。

赵明诚又垂下几滴清泪。

那天以后,从前的赵明诚似乎回来了,他也会兴冲冲拿着白居易手书的《楞严经》找李清照分享,眼里的光夹杂着几分愧疚与讨好。

当公事不忙时,赵明诚也会及时归家,跟李清照携手同游。

四十多岁的夫妻,偶尔又出现年少时的笑意。

其实李清照心里也想过要不要回到当初,人们总爱看故事里的人决绝、果断,但说什么往事如烟,都是骗人的话。

花自飘零水自流。一种相思,两处闲愁。此情无计可消除,才下眉头,却上心头。

卖花担上,买得一枝春欲放。泪染轻匀,犹带彤霞晓

露痕。怕郎猜道，奴面不如花面好。云鬓斜簪，徒要教郎比
并看。

那些年的相思，那些年买花戴花，非要笑着让赵明诚比比
自己与梅花哪个更好看的小女儿心态，又岂能忘得了？

或许有过一场秉烛夜谈，或许只是某一刻四目相对。

江湖路远，余生还要多珍重。

两人追思过往的时候，难免会提到赵明诚一见倾心的两首
诗，无论是酒肉堆中不知老还是夏商有鉴应深戒，都是李清照对
比盛唐气象与汴京繁华后产生的隐忧。

他们谁都没想到，这隐忧会这么快成为现实。

胡马渡江南来，女真的马蹄声踏破汴京，烂到家的两任帝
王被一并抓到北方，竟还有闲情逸致在北方生子。

只可怜万千百姓成飞灰，嫔妃公主遭凌辱。

赵明诚跟李清照匆匆收拾行李，跟随朝廷渡江南下，李清
照走得不快，频频回首北望，赵明诚问她："你在看什么？"李清照
双目清泪，言辞如刀。

她说："偌大中原，就这么拱手让人？"

赵明诚沉默片刻，说："时局如此，万般不由人，把这些金石
送回朝廷，已尽我辈绵薄之力。"

这番话当然也有道理，国难当头，人人都要出最大的力，而
运走这些金石国宝，就是李清照跟赵明诚最大的贡献。

但金石没有收拾完，赵明诚就先走了。

赵明诚的母亲此时亡故在江宁。

风雨凄凄，李清照孤身带队，拉起十五车书画南渡江宁。

这条路上她见过金兵，更见过溃败的宋军，两波人都是同样的烧杀抢掠，她几次判断道路，更改路线，从沦陷区硬生生走到江宁城。

赵明诚已在江宁等了她很久，母亲的丧事已经办完，他也成了江宁的知府。

白雪纷纷的光景，李清照脸上的悲慨还未凉，她拉着赵明诚登上城楼，指着北方白茫茫一片的大地说："你来时有没有见过那里的惨状？"

赵明诚叹息："纵无耳闻，也可想见。"

李清照又说："朝中要议和，你也有耳闻吧？"

赵明诚无言以对。

大丈夫无言，小女子有诗。

批着蓑衣戴着斗笠，李清照逢雪就写诗，写南来尚怯吴江冷，北狩应悲易水寒，又写南渡衣冠少王导，北来消息欠刘琨。

悲慨激烈，笔力千钧。

漫天大雪里，她把诗放在赵明诚面前说："夫君不和两首吗？"

四十多岁的李清照双眸如星，照得赵明诚头皮发麻，他想说今时今日，夫人别写这等诗词了吧。但他对上李清照不杂尘埃的眼睛，只能摇头苦笑说："公务繁杂，写不出了。"

其实赵明诚的公务又能有多繁杂呢?

属下对他汇报,有人或许要叛变,赵明诚没放在心上。当叛变真的发生,火光四起,喊杀声不绝,属下只能自己布置,奋力迎敌。

而此时的赵明诚呢?

赵明诚独自弃城而逃了。

这消息传到李清照耳中,如梦似幻,像极了假的。只是当属下奋力平叛,大功告成,匆匆来汇报战况时,所有人都知道赵明诚弃城而逃了。

李清照忽然笑了,几乎笑出声来,南渡之中的惊险,白雪之下的悲慨,此时都化作长笑与长哭,国事如此,家事又如此,孤身弃城,真是大好的男儿,也是大好的丈夫。

自那天起,李清照一头撞进生命的冬日。

4

赵明诚还是回来了,罢官免职,江宁是没脸待了,只能再向南逃。

逃离乱世烽火,逃离昨日少年,逃离圣贤书与岁月碑,逃去滚滚浊世,逃去随波浮沉的南宋江湖里。

路过乌江的时候,赵明诚听到船舱里有动静,他抬了抬头,又见到李清照。

这个姑娘披霜雪，生华发，一双眼睛却倔强地不肯老去，她深吸了几口气，说："我写了首诗，南边的大人物可能不喜欢，没关系，我也习惯了，学诗空有惊人句，向来是我自己选的。"

赵明诚张了张嘴，他已经很久没跟李清照说话了，他甚至在想，若非是顾念旧情，若非还有那十五车书画要送，是不是李清照都不会跟他一起走。

"这次……又写了什么诗？"

"此地是乌江，自然思霸王。"

赵明诚隐隐有种不妙的预感，但现在跑已经来不及了，他听到记忆深处那道脆生生的嗓音响起，宛如脑海中撞来一记巨锤。

生当作人杰，死亦为鬼雄。

至今思项羽，不肯过江东。

赵明诚失魂落魄，也不知是怎么走回的舱内。

望着他消失的背影，李清照抿着双唇，心脏像是被一只大手攥住，她想你怎么能这样呢，当初你不是最喜欢我为大唐中兴颂碑写的两首诗吗？

赵明诚，我想你把那个少年人，还给我。

只可惜没机会了。

那年朝廷又起用赵明诚为湖州知州，他在赴阙领旨的途中染病，就此一病不起。

这消息传入李清照耳中时,她已感知不到真假了,像是有一只如椽巨笔,强硬地勾去她的前半生,把她曾经的愿想,纠葛的爱恨,全部付诸东流。

人死万事空。

似乎有风来,李清照又听到叮咚一声,她低下头,发现自己的袜子掉了,金钗落地,像极了十七岁时的那首词。

李清照又抬起头,才发现自己不知何时已经跑出门外,身后是大声追来的丫鬟。

李清照双泪长流,她说:"备马备车,我要去见赵明诚。"

当李清照赶到建康城,只来得及见赵明诚最后一面。赵明诚没太多小儿女姿态,也或许是无颜与李清照作别,低头写了首绝笔诗。没人记得这首诗是什么,但想来无非是:回首四十年间事,梦里欢娱觉来悲。

赵明诚笔落而逝。

葬下赵明诚的时候,李清照埋葬了她的前半生,抬头是烟水茫茫,天涯路远。曾想追云捉月过一生,闲情归来看春风的小姑娘,再也回不去了。

陪在李清照身边的,只有那十五车书画。

能支撑李清照继续走的,也是这十五车书画。

只可惜碰上金兵搜山检海,要抓赵构,李清照先是渡海,又是行舟,仅能带少量书画随身,大量文物送去太后身边。

遇到一场大败,太后南逃,连舻渡江之书散为云烟。

身处大海之中的李清照,梦见了自己的前世,青云成阶,她披霞光,揽日月,踏云而上去往灵霄宝殿。

她本就该是天上星辰,云中仙子。

梦醒后偏落在残山剩水,斜阳衰草里。茫茫大海,滚滚浊世,一身的才华满腔的志气,要对这世界说声我不服输,这世道却连个回声都没有。

李清照叹了口气,写词记梦:

> 天接云涛连晓雾,星河欲转千帆舞。仿佛梦魂归帝所,闻天语,殷勤问我归何处。
>
> 我报路长嗟日暮,学诗谩有惊人句。九万里风鹏正举。风休住,蓬舟吹取三山去!

自海上飘零过后,李清照又携书画追向朝廷所在,路上颠沛流离,难免丢过几包。

当李清照在绍兴借宿,睁眼才发现书画被盗,更是如坠冰窟。

赵明诚死了,这些书画也散如云烟,李清照回顾自己四十余年的人生,仿佛是上天给自己开的玩笑。

她随南渡的朝廷抵达杭州,临安城里很快又歌舞升平,没人关心一个女子的悲苦。

除了投机的小人。

那几天李清照时常坐在巷口,呆呆地望着夕阳,她的眼神终于迟缓起来,不再拥有飞扬的锋芒跟激滟的春水,她想起苏东坡的诗,所谓心若死灰之木,身如不系之舟。

藏身暗处许久的张汝舟,就是这时趁虚而入。

张汝舟查过李清照,知道她带来了诸多金石文物,张汝舟也开始坐在李清照旁边,旁征博引论诗词,温言宽慰身世飘萍的姑娘。

再聪慧的人也终究有脆弱的时候,张汝舟的关切与承诺,这时代里邻里的劝慰,都让李清照脑海中多了个念头。

后半生还须有个支撑。

这世道告诉李清照,最好的支撑就是找个丈夫。

既然秋天是搬不走的,你沉浸在自己的春风里,终究逃不过风雪满肩。

张汝舟目光如火,三天两头来拜访求婚,李清照叹了口气,她也决定学赵明诚,此后从俗浮沉也罢,随波逐流也好。

几度春秋,孤身对抗这个世界,李清照也累了。

遂嫁张汝舟。

成婚那天,张汝舟笑得很开心,嘴角咧得很开,森森白牙几乎都露出来,李清照瞥见一眼,忽然想起一个词。

狰狞。

张汝舟笑得很狰狞。

5

人老去西风白发,斜阳下数点寒鸦,前四十年命运铺垫的伏笔,掀开暮年的笑话。

李清照改嫁张汝舟,成了当时最大的笑话。

成婚后不久,张汝舟就发现李清照身边的文物金石已消散一空,他脸上的笑意不见了,望着明显比自己更胜一筹的妻子,开始嫉妒与厌恶。

张汝舟说:"女子写这么多诗词作甚,平白招惹是非。"

张汝舟盯着李清照说:"以后别写了,明白吗?"

李清照不明白,也不想明白,她皱眉说:"这是我平生所爱,不能不写。"

张汝舟又笑,笑得还是那么狰狞,反手一巴掌抽在李清照脸上,抽碎了李清照的闲愁逸兴,又有三拳两脚,试图摧毁她为人的尊严。

李清照脑海里空白了片刻,继而刻骨的疼痛袭来。

张汝舟还在喊:"今后你生是我张家的人,死是我张家的鬼,既然你没多少嫁妆,就给我老老实实听话,别活得不三不四。"

今夜的临安城沉默肃穆,角落里的姑娘独自受苦。

人们常说恍如隔世,从拳打脚踢后醒来的李清照,再次见到阳光才发现,原来生活永远可以更糟糕,所谓闲愁最苦,都是诗家的妄语。

苦就是苦，苦难才苦。

沉闷的天气里潇潇雨歇，这样的日子又过了几个月，李清照才得了机会，能深吸口气，出门走走。

南渡之后，大难不死的故友自当聚首，这些故友的亲眷里也有权贵，张汝舟毕竟拦不住。

但张汝舟会冷笑地盯着李清照，说："你这副模样，也好意思去见故友？"

李清照鼻青脸肿，目光却还沉静，说："心已死了，朽木之躯又有什么可介意？"

张汝舟哈哈大笑，放任李清照去见故交。

这些故交见了李清照的模样，想起当初惹遍文坛的小妖女，别是一家的一代词宗，问过情况之后不禁潸然泪下。

她们说："没办法，这就是我们的命。"

还关心地说："要不你来我家暂住，能躲一时是一时。"

理性地说："可别昏了头要离婚，且不说是多大的笑话，妻告夫还要坐两年的牢呢。"

也有感同身受地说："忍下去吧，总有一天能云开月明。"

李清照沉默着，闲言长语纷纷入耳，如蝉鸣灌注秋风，又萧瑟，又焦灼。

她明白，这些善意的劝慰，其实还是要她忍，要她认命，要她守这世道的规矩。类似的话张汝舟打她的时候也说过，张汝舟说:"你就是这个命,才华顶个屁用,你连孩子都生不出来,还敢负气顶嘴,我打你也是活该,闹上公堂你也走不出张家。"

张汝舟还说:"别以为你真是什么李大家,臭娘儿们,离了我你活都活不下去。"

闹哄哄的俗世纷扰,把李清照吵得不能安生。

是啊,你当时年少春衫薄,诗也张扬,词也轻狂,你说一句要留住春天,春天就落在你的心间,你挥手说不要举案齐眉的相敬如宾,就来了烈火白马的浪漫爱情。你要用永恒的诗意与岁月深处的碑文,对抗声色犬马的甚嚣尘上,抵挡柴米油盐的老去无成。

那些年也不是没人劝过你,说这些事你做得到一时也做不了一世,你要学会放下,就像读书人放下圣贤书,大将军放生赤兔马。

独自迎着金人铁骑冲锋的是傻子,坚守孤城长吟至死的是愚者。

这些幼稚的事,你早该忘个干净。

但那是李清照啊,她怼遍了前辈高人,回头还笑语盈盈,说来啊,我来教你们写词。

年少轻狂,谁能比李姑娘更狂?

她孤高入云,所见皆是星月,姑娘的才华洒出来,一点一滴奔涌成天河,倒灌下来能淹没整片天地。

岂会怕人间风浪?

只可惜姑娘终究活在人间,活在人间就没有星月,也没有天河,你拼尽全力去赌,把自己笔端的念想都掏出来,要跟世道赌十里春风,赌你本该拥有的生活。抬头,却发现对面空荡荡的,你手里的赌注根本无人问津。

这世道里的浊浪掀起,没人关心你的才华你的心气,但问你家财几何,能否生子?

李清照提着笔,四顾茫然,形单影只。

哦,原来你不能生子,浮财散尽啊。

胸中的山水,眸间的日月,就都不重要了,看不清的影子纷纷围上来,从千百年前,从千百里外,从所有声音能抵达的地方,从所有教化能追溯的源头,剿杀过来。

这些影子高高在上,道貌岸然,要捉拿离经叛道的姑娘,万丈声浪,来讨伐她一人。妄想在浊世里孤高向前的,搬来五指山,压她五百年。

这就是你的命,你注定逃不出这座山,困守在不见天日的黑暗里。

那么深远的力量,那么广阔的风浪,你一个提笔的姑娘,能怎么反抗?

你得认命。

李清照望着她这些朋友,又想起赵明诚,这都是认了命的,她们也纯粹过,也梦想过,面对长辈的指责也曾大声反驳。

不知何时,她们发觉那些居高临下的,为你好的,打死你的以梦为马,把你的脸垫在自家的门槛之下,再为他们抬高两寸三分的门户,原来也是对的。

这是大家闺秀,是好姑娘,是成熟了,懂事了。

世恶道险,英雄气短。

可小女子偏偏不服。

形单影只也罢,谁让我偏偏不服?

李清照深吸口气,扫视全场,平静道:"我要与张汝舟离婚。"

座中震动,李清照借来纸笔,像是又回到她的战场,纸上烟云也能勾勒刀剑,挥斩出列缺霹雳,朗朗乾坤。

那几封信是李清照为离婚所写,托人去办,朋友们茫然问她:"你凭什么离婚?"

是啊,固然律条有言,说若夫妻不相安谐,两愿者离。可蚊子再小也是肉,张汝舟盯着李清照的家产,必然不会"两愿"。

至于家暴动手……还没到太重的程度,李清照也没法用"义绝"的理由跟张汝舟离婚。

所以,你凭什么呢?

李清照放下笔,抬头一笑道:"凭张汝舟身败名裂,凭他要被流放千里,我如何不能离?"

"这几封信,不是去求人帮我离婚的,我又何必求人?"

"写这几封信是要上呈公堂,我要去告张汝舟。"

这三句话宛如炸雷在耳,朋友们大惊失色,把住她的手臂,说:"何至于此？两年的牢狱之灾,比张汝舟的拳脚更难挨！"

李清照还在笑,伤痕累累地笑,她说:"既然这世道如此,那我也没有办法,水里火里我总要跳的,反正不能让张汝舟这样的人称心快意,也不能让你们往后没个念想。"

"什么念想？"

"小女子,也是可以不认命的。"

那场离婚案打得轰轰烈烈,开端是李清照状告张汝舟科考舞弊,大宋为了安抚读书人,如果累次科举皆不中第,只要你考得次数足够多,还是可以补官。

张汝舟虚报了自己的科举资历。

这事稍作查证就能水落石出,张汝舟在公堂上涨红了脸,对着李清照破口大骂,说她最毒妇人心,说她活该没孩子,说她忘恩负义,红颜祸水……

李清照盯着他,只回了一句话。

她说:"我早想提醒你,一直没机会,今日总算可以告诉你——亡夫也纳过妾,也有过红颜知己,所以不是我没孩子,是他无子嗣。"

张汝舟的骂声停了,他像是看到了个妖孽,他指着李清照,又指着主审官,说:"妖言惑众,妖言惑众啊！这妇人竟敢,竟敢……"

李清照打断了他,对主审官平静道:"既然张汝舟被判流放,罪女可否与之离婚？"

丈夫流放,妻子可提出离婚,这本就是大宋律里明文写出的。主审官看着李清照,此刻也满脑子的惹不起,当即点头同意。

主审官又顿了顿,望着堂下气急败坏的张汝舟,还有桂花般的李清照,不由得叹息道:"为这等人受两年牢狱,易安居士实为可惜。"

李清照笑道:"跟这种人多过一天,那才可惜。"

主审官也跟着笑起来,他长吟道:"何须浅碧深红色,自是花中第一流,易安居士不愧是易安居士!"

张汝舟恶狠狠地瞪着她,犹自聒噪不休,说些什么老子就是流放了也比你强,你个臭娘儿们死在牢里都没人问!

李清照全当听不到。

九天后,张汝舟被押送去柳州,这一日临行他忽然看到有人快马疾驰去衙门,他虽无心多问,还是忍不住多看了几眼。

出城的时候,他听到身后议论纷纷,似乎还有李清照的名字夹杂其中。

张汝舟百爪挠心,不由地停下来凝神细听。

"皇上有旨,要放易安居士出狱了!"

是那几封信里的才华,让太多南渡之前的故人都想起睥睨文坛的妖女,但凡对文辞有过信仰的书生,既是故交旧友,岂能不伸援手?

张汝舟听到这个消息,整个人呆若木鸡。

押送他的几名衙役眉头一皱,鞭子劈头盖脸打了下来。

那边厢，李清照走出大牢，抬头嫣然一笑，但觉尘尽光生，照破青山万朵。

6

跟浊世周旋，其实是件不死不休的事。

这生活永远没有起点，当你开口讲述，有了起点的不过是故事。故事里的瞬间不再是随意的互相堆砌，而被你所期待的结尾捉住，主人公的烦闷与拮据也变得更加珍贵，被未来热情的强光所照耀。

但生活里，李清照走在黑夜中，她看不到结局。

所以赢了一场张汝舟，她给朝中的朋友写信道谢，也不免会说："清照敢不省过知惭，扪心识愧。责全责智，已难逃万世之讥；败德败名，何以见中朝之士。"

但李清照是相信有那个结局的。

固然如今的易安居士看起来足够令人心疼，可那个倔强的姑娘还是高昂着头，说："虽南山之竹，岂能穷多口之谈；唯智者之言，可以止无根之谤。"

我知道我千载之后，一定会有许多骂名，关于改嫁，关于离婚。

多口之谈，也都是无稽之谈，我相信会有智者替我扫清来自愚昧的诽谤。

因为，我没错。

最后的二十年里，李清照独自支撑着超脱于时代的灵魂，前尘往事冲过来，她为其悲切，然后提笔就摘下一颗星辰。

> 风住尘香花已尽，日晚倦梳头。物是人非事事休，欲语泪先流。
>
> 闻说双溪春尚好，也拟泛轻舟。只恐双溪舴艋舟，载不动许多愁。

这次被前尘狙击，没能去成双溪，潜藏的意思即是：那年惊起一滩鸥鹭的少女行舟，李清照五六十岁还乐此不疲。

正如她也始终好饮酒，好打牌，乃至写出一本《打马图经》教人打牌。

她的血也未凉，遇见朝中官员出使北房，当奶奶的年纪了，出手还是壮怀激烈。

为他们写诗曰：子孙南渡今几年，飘零遂与流人伍。欲将血汗寄山河，去洒东山一抔土。

这还是那个泛舟打牌，饮酒高歌的李清照。

六十年的岁月在她身上掠过，也曾让她满身尘埃，时至今日，她又将尘埃抖尽，六十岁与十六岁，竟显得别无二致。

她对命运的笔法已经很熟悉，对突如其来的悲伤也很坦荡。

感月吟风多少事,如今老去无成。谁怜憔悴更凋零。试灯无意思,踏雪没心情。

这般口语化的词句,融于悲凉的岁月里,仿佛在叙述一件再寻常不过的事——无人怜我,我顾影自怜而已。

七十二岁那年,邻居家的小姑娘抵达李清照院门,恰一阵西风吹落晚霞,夕阳藏进云朵后。

这家的小姑娘对李清照恭恭敬敬施了一礼说:"多谢李大家,恕我不能拜您为师。

"才藻非女子事也。"

这七个字,打碎霞光与西风,跨过七十年风霜,击穿了李清照的一生。

李清照叹了口气,她已经习惯了,要跟浊世不死不休,就注定踽踽独行。

打发走了邻居,李清照又喝了几杯酒。

寻寻觅觅,冷冷清清,凄凄惨惨戚戚。乍暖还寒时候,最难将息。三杯两盏淡酒,怎敌他、晚来风急!雁过也,正伤心,却是旧时相识。

满地黄花堆积,憔悴损,如今有谁堪摘?守着窗儿,独自怎生得黑!梧桐更兼细雨,到黄昏、点点滴滴。这次第,怎一个愁字了得!

那些愁苦与悲怆从笔端滑走,在青史里刻下一个卓尔不凡的姑娘熠熠生辉。

一生负气成今日,四海无人对夕阳。

那也很好,这世道配不上她,她是瑶林琼树,风尘外物,她是云间风月,不杂尘埃。我想她魂归天地之时,或许正如她在海上的梦——她又变成了身披流霞的仙子,天帝也要殷勤问她去了何处。

只是我又想啊,她何必是什么仙子呢?

就是见了天帝,易安居士也大可以说:"我去了人间一趟,赌赢了浊世一场。小女子滚过红尘,一生不输于人。"

从前有个书生,白衣胜雪,诗酒风流,抬眼就能看见紫禁烟花一万重。

他爹说:"以咱们这个出身,生来就是享福的,别人寒窗十年才能当官,你凭这个出身就能坐拥汴梁繁华。"

书生放下手中经卷,望着他爹淡淡地说:"不对,以咱们这个出身,生来是要担当天下事的。"

他爹手一抖,差点揪掉几根胡子。

他爹怎么也没想到,自家一个前朝外戚,怎么还出了这么个子嗣。

你对得起外戚这个人设吗?

而更让他爹头疼的,除了书生,还有书生他哥,书生还只是要担当天下事,他哥拍了拍书生的肩膀,昂然笑道:"不错,若不能涤荡妖氛,匡扶社稷,国家养士上百年,唯有一死以报国。"

他爹心一颤,这次是真的揪下了几根胡子。

当然面对着五侯池馆的人满为患,鳌山宫阙的巍然屹立，书生他爹很快就醉倒在了汴梁的温柔乡里。

他想："嗨，这繁华世界，哪有那么多生死茫茫呢？"

白衣胜雪的书生望着白茫茫的大地，心想这世上每一处府县都充斥着生离死别。

那年书生在开封府外的小县里当知县，当地豪强打死了人，书生亲手抓的人，送到开封府里却发现这人又被放了。

书生不明白，他去问开封府尹，府尹打量着他说："你知不知道今年开封府大牢里一个犯人都没有了？"

书生皱眉说："这有什么干系？"

府尹哈地笑了一声说："开封府，京畿之地，连一个犯人都没有，这是什么意思？这是盛世之象，是天子之威，焉能因为一个两个豪强，就使白璧染瑕？"

书生这次懂了，他看着府尹说："您是想歌功颂德？"

府尹脸色一变说："怎么，你不想为圣天子颂德？"

书生拱手施礼，抬头时已目光如铁，他说："为官一任，民怨尚不能消，圣德又谈何去颂？"

还不等府尹发话，书生便转身大步离去了。

就在府尹阴晴不定的脸色里，书生把一封奏折越过了他，径直递到了朝堂。

那朝廷能怎么办，肯定是让书生自己看着办。

朗朗青天在上，书生选了个大风肆意的天气，把那豪强法办了。

府尹在风里挑眉，心说："好，就让你小子见识见识什么叫世恶道险。"

你为政没有差错，为人没有纰漏，你的朋友总有问题吧？

再不济，你总要写诗文吧？

放几十年前，苏东坡都能定罪，还定不了你？

于是府尹找到了书生的某个漏洞，弹劾他，让书生就此停职。

书生走的时候，府尹还笑呵呵来送他，说："以后长点心，不是什么人你都惹得起的。"

书生也笑，说："大道如青天，是你惹不起。"

离开那个小县后，书生又回到汴梁，此后几度浮沉，还是一如既往地为民请命，什么事该是什么样，他就说是什么样。

比如内侍主持修河道这件事，别人都知道河道不能瞎修，可内侍、太监，这谁敢惹？

书生站出来，掷地有声，把治水的道理说出去，令内侍们试图把长江淮河弄成一样高低的逆天计划搁浅。

那当然书生也不会受到什么重用。

只是书生也乐得逍遥，为官一任就造福一方，在京就职更是中流砥柱。

那些年里唯一让他烦恼的，也不过是繁华声里的几次恋爱，他东奔西走，聚少离多，也很为情苦。

去年雪满长安树。望断扬州路。今年看雪在扬州。人在蓬莱深处、若为愁。

而今不恨伊相误。自恨来何暮。平山堂下旧嬉游。只有舞春杨柳、似风流。

这种风流之余的怅惘，是他前半生最大的忧愁，至于国事，那他还年轻，他还想着自己真正走到中枢的时候，一定有机会力挽狂澜。

奈何他没有机会了。

靖康之耻，百年繁华的东京城因为倚仗一个神棍被破了城门，更因为君主的怯懦，百官的内斗，书生几次建言献策都无人理会，只能眼睁睁看着金人一路追杀。

大好河山，血流漂橹。

金人攻至时，书生带着当地军民苦守八天，提刀巷战，城破之后突围而逃。

南下路上，书生听说哥哥死战不退，已与城俱亡了。

一时间大江涛涛，北风萧萧，书生茫然回望，心头蓦地涌起南唐后主的一句词。

江南江北旧家乡，三十年来梦一场。

如今大梦初醒，书生跟跄过了江东。

天下大乱，贼寇横行，书生背负着国破家亡的恨，勉力行走在残破的土地上，这时他才终于明白，原来自己是没办法力挽狂澜的。

他曾经对付一方巨寇，急速出兵，抢占城池，将巨寇困在几县之地，继而派人招抚，果然功成。

只可惜朝廷没了援兵，金人又再度攻来，巨寇趁官军溃散时反复，杀到书生城下。

书生深吸口气，匹马出城，来到巨寇面前，义正词严地说："如今的国家沦丧，因你趁火打劫的无数死伤，但朝廷正是用人之际，你为国效力，必不可能没个说法。"

然而这时书生才发现自己不是话本小说里的主角，单骑见敌酋之后并没有使人虎躯一振纳头便拜的本事。

那巨寇冷冷一笑说："你不是会用兵吗？先前拿捏老子的时候，你怎么不说这些屁话？"

完了大手一挥，直接把书生绑了押下。

蓬头垢面了几个月，有大将来招抚，巨寇彻底归降，书生才被放了出来。

经此一遭，书生终究看清了自己，圣贤说大智大勇，自己只不过有小智小勇。

小智小勇救不了大宋。

书生当了几年清闲官，有时也会恍惚起来，觉得如今的清平生涯，似乎跟江北时并无两样。

特别是有年少时的朋友来访,酒过三巡,大家谈起汴京城,谈起那些年的上元节与繁华梦,更令书生坠入梦中。

直到人群散后,书生才被镜中自己的白发惊醒。

再提笔,已不是当初的少年离愁:

　　紫禁烟花一万重,鳌山宫阙倚晴空。玉皇端拱彤云上,人物嬉游陆海中。

　　星转斗,驾回龙。五侯池馆醉春风。而今白发三千丈,愁对寒灯数点红。

几年以后,书生凭他的本事与资历,终于像他少年时想过的那样,进入朝堂,被升为户部侍郎。

奈何书生什么都改变不了。

朝堂上的争斗他无法平息,前线的战事他没法帮忙,秦桧这个狗东西又请降了,他也只能眼睁睁看着赵构这个恨不能自己姓了完颜的大宋皇帝真就卑躬屈膝去请降议和。

书生改变不了这些,可至少他也不曾被这些改变。

他拍案而起,说:"自古人主屈己和戎,未闻甚于此时!"

金人议和之书,不当受!

这一次拍案,也就成了书生最后一次拍案,他很快被秦桧等人弹劾罢官,那些乌泱乌泱的奏折,让书生认识到原来苟且偷安的人,才是朝堂的主流。

退闲隐居十五年,书生再没出过山。

五柳坊中烟绿,百花洲上云红。萧萧白发两衰翁,不与时人同梦。

六十八岁那年,这个名叫向子諲的书生带着与议和诸臣不同的梦,永远离开了南宋的半壁江山。

留下遗憾与孤独,沉郁跟悲慨,以及闲散之中浓浓的无力感,化作南宋有志之士长达百年的精神基调。

那年天下不太平,金人南下,宋廷多少君臣七零八落,北赴南下,或死或降。

徐言是个小人物,在军营里也没有多少威信,只有他麾下的几十个兄弟还算听他的话。

碰到这样的亡国浩劫,徐言也没有办法。

很久以后,跑到南方来的宋廷终于勉强站稳,徐言又回到平静的城市里,夜半喝汤。

从前他喜欢喝酒,现在已经戒了。

徐言看着身边的姑娘,淡淡一笑说:"等我们到了临安,在乡下买块地,你看如何?"

姑娘低眉笑着说:"一切单凭官人做主。"

徐言有分恍惚,曾几何时,也有个姑娘对他说过这句话,可惜他没能护住她。

那天晚上,出于军人敏锐的直觉,徐言发现有人一直盯着他。

沙场出生入死,或许是寻来的仇家。

徐言叹了口气,他不动声色,把姑娘送回家里,笑着说："今夜我还要巡街,晚些回来,不必等我。"

姑娘点点头,轻声说:"那你定要回来。"

徐言笑着离开,在无人的暗巷里负手回头,说:"阁下跟了我这么久,有何指教?"

暗夜来客仿佛吃了一惊,他从夜里走出,手足无措,欲言又止。

徐言挑了挑眉,这不像是来寻仇的。

来客咬咬牙,突然开口道:"将军之妻,可是郑州人士,姓杨?"

徐言愕然,点头说是。

来客泣下数行,双唇颤抖,他说:"此吾妻也。我,我家住郑州,婚娶三年,遭逢金人南下,被乱兵冲撞,流离失所,没想到今日能在君畔相见。"

徐言无声闭目,有泪水也从他的眼中流下,他想起金兵南下那些天,朝廷里传来消息,说已经议和成功,他们一群人喝酒庆祝。

第二天,金兵的先锋已经打了过来。

他仓皇上了战场,当他带着一身伤痕随败兵退走的时候,他疯狂杀回家里,想拉着妻子离开。

故园已尽是金兵,妻子家人不知所终。

徐言说:"我是在淮南见到姑娘的,我见到她的时候,她蓬头垢面,衣衫不整,失魂落魄。我看到她,忽然想到了失踪的妻子。我拉起她，倾心照料，近日遂成夫妻。"

他叹了口气，对来客说："时至今日，你准备怎么办？"

来客抹了把泪说："在下也已另娶，不图破镜重圆，只想再见一面，各叙往事，此后永诀，虽死不恨。"

徐言望了望天，星月寥落，他说："好，你身份特殊，为避嫌，明日与你妻子一起来吧。"

来客点头说："理该如此，多谢将军了。"

徐言摇摇头说："我不是将军，我只是一个小校而已。"

那天晚上，徐言回家的时候姑娘还没睡，姑娘抱着他说："你回来就好。"

徐言沉默了一刻，对姑娘说："你还记得郑州的故人吗？"

姑娘的身子有些僵硬，那天他们说了许多往事，或许睡着了，或许一夜无眠。

次日，来客夫妇登门，徐言派人在长街尽头候着，听闻夫妇已至，徐言对姑娘说："我们出去迎一下吧！"

姑娘咬着唇，不置可否。

徐言说："总要面对的，与往事作别吧。"

姑娘深吸口气，点了点头。

那天阳光灿烂，浓得像刚刚点燃的火，徐言牵着姑娘走出门来，远远看到了长街尽头的夫妇。

烈日灼灼，世界在两对夫妇中间变得不再真实。

徐言不动了，对面的夫妇也立在原地。

来客拉了拉他的妻子,想走过去,却发现拉不动她,回眸,发现妻子正捂着嘴,眼泪像泉水一样汩汩流下来。

不远处的徐言无声落泪,他缓缓走过去,走过经年累月的时光,站在夫妇面前。

徐言说:"此吾妻也。"

言毕,泣下数行,四人立在川流不息的长街前,抱头痛哭。

后来有人说他们各自娶回了自己的原妻,两家往来如姻亲。

也有人说,那一场痛哭之后,徐言无颜面对原妻,如今的姑娘也不想再离开徐言。

各叙往事之后,从此千山万水,不再相见。

来客毁家纾难,要资助军队北伐,徐言披挂上马,阵前一马当先。

他们冲杀在南北之间,挣扎在往事和未来之中,那些错过和遗憾,两难和变迁,他们不想让更多的人再去经历了。

于是背负过往,默然向前,于是螳螂奋臂,不死不休。

那年天下还没乱，洛阳城里曲水流觞，公子少年吟诗作赋，颇有盛世景象。

其中有几位公子，才名远扬，时常凑在洛阳午桥上，醉酒高歌。

许多年后，人们叫这几位公子"洛中八俊"。

陈与义是诗俊，朱敦儒是词俊，这两人举杯对酌，在场诸君的诗词便都黯然失色。

那会儿陈与义刚中了进士，不久便要离开洛阳，赴任他乡。

朱敦儒时常笑着劝他，说："洛阳城多好，何必为世间名利趋驰？"

陈与义也笑话他，说："你满腹才学，我可不信你会终此一生，遁居山林。"

倘若山河依旧，世道未曾乱离，或许两人一生诗词唱合，悠游自在。

可惜靖康年间，铁蹄南下，残山剩水间流血漂橹，到处是兵祸连绵。

几年后，陈与义辗转各地，终于抵达绍兴，渐渐步入朝廷。

而朱敦儒比较惨，一路南逃，从洛阳到广东，其间多少艰难险阻，稍不留神或许就身首异处。

于是朝廷再次征召的时候，朱敦儒便也去了。

两人京城相逢，把酒论诗，似乎像是重回洛阳城的少年时光。

但彼时还有南宋党争，朝堂上主战主和，主守主降，不一而足。

朱敦儒从山林中走来，半生风月随着他，耿耿不屈，说着要克复中原，立场不曾稍改。

陈与义劝他说："如今世恶道险，有些话不能说得这么直白，该退便要退。"

朱敦儒笑着说："朝廷若要北伐，当倾尽胸中所学，朝廷若一退再退，我便重回江湖罢了。"

陈与义没有再劝，风从北方来，吹动他长须飘飘，抬首处月光诡诈。

陈与义知道，朱敦儒虽然什么都没说，心底里大概是看不起自己的。

毕竟无论是战是和，都不影响他陈与义留在朝中。

曾经开怀畅饮的朋友，注定渐渐陌路。

那晚陈与义夜半无眠，登上自家高楼，提着壶浊酒自饮自酌，随口吟出首词来。

忆昔午桥桥上饮，坐中多是豪英。长沟流月去无声，杏花疏影里，吹笛到天明。

二十余年如一梦，此身虽在堪惊。闲登小阁看新晴，古今多少事，渔唱起三更。

吟罢，陈与义长叹口气，黯然下楼。

几年后，陈与义病逝临安城，时年四十九岁。

没过多久，朝廷议和，秦桧当政。

朱敦儒被贬，大醉高歌，去做了江湖倦客。

那几年间他天天填词作曲：

日日深杯酒满，朝朝小圃花开。自歌自舞自开怀，无拘无束无碍。

青史几番春梦，黄泉多少奇才。不须计较与安排，领取而今现在。

不久后，秦桧为了拉拢士人，聘朱敦儒的儿子为官，以此再度征召朱敦儒。

朱敦儒念及自己儿子，还是去了。结果没几天秦桧身死，他也被罢官遣返。

由此招来无数讥讽，说："他从前那些年的清高，原来都是装装样子。"

世人一贯如是，朱敦儒站在京城城外，没有在意那些讥讽，只是忽然想起了故人。

倘若陈与义在，一定会拍拍自己肩膀，再给自己摆酒设宴。

长沟流月去无声，杏花疏影里，吹笛到天明。

写得多好啊，还没来得及夸你，你倒是走得早啊。

四年后，七十八岁的朱敦儒，偶尔在山野间梦回洛阳，脑海里会回荡起自己四十多年前的旧词。

我是清都山水郎，天教分付与疏狂。曾批给雨支风券，累上流云借月章。

诗万首，酒千觞，几曾着眼看侯王。玉楼金阙慵归去，且插梅花醉洛阳。

只可惜四十年前的洛阳，谁都回不去了。

朱敦儒两眼一闭，就此与世长辞了。

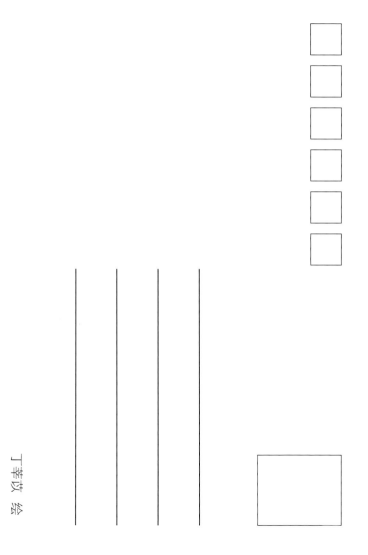

丁幸政 絵

第二部分

八千里路云和月：金戈铁马的抗争

当女真不满万，满万不可敌的俗谚响彻南北，当汉人的性命成了女真权贵的赌注，留在中原的百姓要么成了奴隶，要么脸色灰败，只能睁着无神的双眼，看自己一步步失去土地，失去尊严，失去亲眷的性命，无力反抗，这些人只好南望王师。

南望王师，所谓的中兴四将里，只有一个人能救民于水火。

那是只差一步，就能直捣黄龙的岳飞，岳武穆。

1

那年汴京城的歌舞不休，河北路的杨柳未断，这片土地似乎跟前几十年没什么不同，至少汤阴县里的大部分农人都这样觉得。

除了岳和。

其实岳和家里几代为农，喜怒向来都是随老天变化，所讲究的不过是个风调雨顺，但如今老岳这心情,不好说。

像哪吒他爹。

岳和怎么都想不通,为什么自家儿子这么离谱。

还不到二十岁呢,三百斤的硬弓、八石的腰弩,说开就开。

随便找了个用枪的老兵教他,这小子学了几个月,青出于蓝而胜于蓝就不说了,这汤阴县城里只要练过两手的,他都兴冲冲去找人切磋。

无一败绩。

这还没完,别人家的孩子在这个年纪有这个功夫,肯定到处打架了,比如某个姓韩的泼皮,但岳和的儿子不同。

少年郎修养极好,那位教他弓箭的师父,只相处了几个月,师父去世后,他每个月都祭拜师父两次。

风雨无阻。

更让岳和无语的,是这小子还抽空读书。

跟关二爷一样读《春秋》,等见惯了列国交锋的故事,又去找孙吴兵法看。

岳和觉着自家儿子特眼熟。

想了很久,他才记起来是从戏文里见过。

那些个大人物,小时候好像都是这么用功,这么踏实,这么德才兼备,日后才能挺身而出,成就一番功业。

岳和挠挠头,心说也不对啊,没听过哪个大人物酒品不好啊。

那天老岳给儿子庆祝他一县无敌，开了几坛酒，跟儿子"咚咚"干了几碗之后，岳和就发现事情开始不对。

儿子向来静水流深的眸子里闪出两簇寒光，咧嘴一笑："爹，我让你看看什么叫万军之中取上将首级！"

大半夜的，儿子冲到县外边的树林里，对着一棵最粗的杨树"咔咔"抡拳头。

岳和无语了。

岳和叫了几声，没反应，还得是孩儿他娘过来，一声大喊："岳飞!!!"

十几岁的少年郎消停了，不万军之中取上将首级了，眨眨眼，觉得脑子好像不太够用。

咣当，那棵大杨树掉下一截枯枝，溅起一地月尘。

很多年以后，岳飞在江南兵马钤辖的宴席上喝多了，挥拳暴打这位钤辖的时候，仍旧没想起当初自己在汤阴被母亲喊住之后，是怎么回的家。

反正那天晚上岳飞睡得很死。

只记得自己喝醉之前，父亲拍着自己的肩膀，说："你小子啊，本事大，性子也好，以后的日子定不用愁，为父只有一件事要嘱咐你。"

月光满天，霜白一地，岳和望月良久，嘱托终究变成了问句。

他道："今后国家有事，你会殉国死义吗？"

这句话之后岳飞似乎就醉了，他忘了自己是如何回答的，又好像一生都记得。

宣和四年，宋军败给了即将灭亡的辽国，河北官员再一次募兵御辽。

于是某个平平无奇的午后，二十岁的岳飞应征入伍。

那会儿岳飞的家乡相州正在闹贼，号称有数千人马，两个贼首大碗喝酒大块吃肉，酒肉全是从商贾百姓身上割来的。

真定府几次派人清剿，剿不掉，那也没关系，你们剿不掉的我来剿。

这才刚投军呢，岳飞只是从选拔大比里脱颖而出，自领一个小队，就敢直接请命剿匪。

负责的官员人都傻了，说："你这个职位，拿什么剿？"

岳飞说："给我一百骑兵，就能剿。"

瞅着岳飞一本正经又很认真的模样，官员蒙了半天，决定给他个机会，让他讲讲自己的计划方略。

其实岳飞有了一百骑兵，当个莽夫都能破贼而归。

反正那种欺软怕硬的山贼见他只带这点人，必定会出来打，那直接冲过去就完了。

但岳飞的性格吧，怎么说呢。

这个男人明明很强却过于谨慎。

岳飞是真的有计划，他一通兵法讲完，官员拍案叫绝，当场给了岳飞两百人。

剿贼的套路也很简单，岳飞让自己的同乡带三十人装作商贾，被山贼劫走，一百步兵趁夜埋伏在山下，自己带几十号骑兵前去叫阵。

对面号称数千，能战之士也就几百，但明面上总归有十倍兵力差，这都不打还怎么混江湖？

两个山贼便出山了。

两个山贼经历了人生中的至暗时刻。

刚开始两个贼首见对面的小将惊慌失措，带队逃窜，还是很兴奋的，当岳飞早早安排下的伏兵杀出，自己也掉头策马冲过来的时候，两个贼首开始怀疑人生。

二人见到了什么叫枪出如龙，什么叫一点寒芒如梨花，溅落漫天寒星，光是岳飞这几十骑，他们就挡不住。

不是，你这么强，你跑什么啊？

两山贼头头往后撤，商贾里的三十人猝然暴起，把两人按在了地上，生擒回营。

两人生无可恋，瞅着前边那个兜马冲杀，以枪劝降的年轻人，心想你至于吗，你随便这么一冲我们不就完蛋了吗？至于布置这么多暗手吗？

那不行，岳飞是个讲究人，出道第一战就充分展现了他的用兵之道。

谋定后动，一击破敌。

比韩世忠的斩将夺旗一波流不知高到哪里去了。

而且岳飞这人也远比韩世忠冷静，少年人立下这等大功，往往都会骄傲，岳飞只容许自己骄傲了一点点，平日里还是很稳健。

朋友问他怎么回事，你就一点儿都不兴奋吗？

岳飞只淡淡地笑，他说："为民除贼，当然是高兴的，只不过国之大贼未除，这点儿小事也不必挂在心头。"

朋友若有所悟，看岳飞北望燕云，远山起起伏伏，天地一片苍茫。

原来当你想要的东西足够浩瀚，那些少年人的莽撞，一两次功劳的兴奋，就越发显得微不足道了。

只是岳飞这波大胜过后，并没有得到升迁的机会。

他爹去世了。

回乡守孝的几年里，河北路发了水灾，家中的存款与粮食快吃尽了，没法子，岳飞只能再次应征入伍，把军饷寄回家里补贴用度。

这次从军的时间仍旧不长，第二年便遇上了金军南下。

靖康之辱，二帝被擒，汴梁城多少百姓化作枯骨，上至贵妃公主，下至寻常人家，没人能逃脱金人凌虐。

北方大地陷落一片，面对浩荡而来的金军，一个人武功再高，也只能突围自保。

当岳飞从平定军中突围而出，身上挂满了刀箭伤痕与斑斑血迹，他提着一杆长枪，人在马上回首北望。

平定县里烧起了几处大火，隔着远远的，岳飞似乎仍旧能听到城中的哭喊与嘶吼。

握紧长枪，岳飞几次想冲回去，最终妻子跟阿娘的身影不断跳在他脑海心头，落下去又变成一声马鞭。

岳飞一路杀回汤阴县。

这条归乡路上，已多股金军往来劫掠，到处都是溃兵，到处都是无家可归、双目失神的男男女女，乃至路旁还见得到被扒光衣服的尸体，或是被剜下血肉的人骨。

一次次提起枪，又一次次放下，岳飞心头的郁气越积越多。

为什么天下会变成这个模样？

荒烟蔓草，残垣断壁，岳飞把所见的一切悄然扛在了自己肩上，并带着这份沉重回了汤阴。

母亲当然看得出这份沉重。

当夜母亲静静望着岳飞说："你爹活着的时候，问你会不会徇国死义，如今你自己该有个答案了。"

岳飞不答，嗓子里堵着一团气，他闷声道："娘已年迈，妻子也无自保之力，如今北地乱象纷纷，如何能弃家不顾？"

母亲定定看他，半晌才道："倘若你跟你爹一样，是个寻常农人，我便不多说了，可我向来以为，我儿该是天下英雄，今不弃家，何以救千家万家？"

岳飞嗓子里那团气涌上去，变成两行浊泪，他跪在地上给母亲重重磕了两个头。

深夜灯前，母亲在岳飞背上刺了"尽忠报国"四个大字。

之后的一段时间，岳飞多种了几亩地，拜托了汤阴县里他相熟的武人，跟妻子在红烛前相顾无言，妻子说："不如再留几日？"

岳飞点点头，又说："终究还是得走。"

江山如此，能待何人收拾？

总要有人出山，总要有人义无反顾，死不旋踵。

靖康元年，岳飞第三次投军，这一次他扛起长枪，弓刀在马，目光是从未有过的坚毅：此行出刀，任前方风雨大作，千军万马，也要扫清鞑虏，荡出个朗朗乾坤来。

这天起，岳飞正式开启了他抗金的传奇。

2

抗金的岳飞，其实是很孤独的。

刚开始的时候还好，那时候他只是个统率几百人的骑兵队长，所遇到的敌人也不过是金军的探马。

两边都是猝然相遇，这种遭遇战宋金双方都已经很习惯了。

宋兵见到金人掉头就跑，金军信心爆棚就追着砍，能砍死多少算多少。

这次的宋军好像不太一样，女真将领挑了挑眉，发现这几百人竟然没跑,他不由得策马向前,想看看这后面有没有埋伏。

埋伏没有,只有一个岳飞。

当然岳飞的部下遇着金军,心里也慌,但岳飞不慌,甚至已经提枪上马,他心里很清楚,这当口儿最好用的兵法就一个字:勇!

狭路相逢,勇者胜。

对面的女真将领也恰上前观望,两将目光相遇,金人自然不会尿,双刀密不透风,冲着岳飞就砍了过去。岳飞面不改色,抬手一枪。

然后枪尖一点红,洒落秋风中。

阵前斩将,宋兵呆了片刻,又在岳飞同乡袍泽的呼声里回神向前。

一个个都双目发红,以前那是没得选,现在有机会,谁不想给自己的同胞亲眷报仇?

就这么着,岳飞凭手中长枪,连战连捷,跟宗泽副元帅一起驰援开封时,更是打出了一十三场小捷报。

宗泽大喜过望,找到岳飞,要教他阵图,劝他讲究兵法,别一个劲儿莽,这样才能成为国之柱石。

岳飞笑得有点尴尬,他说:"谢过元帅,可兵者一道,阵而后战是常势,出奇出勇能决胜,以正和以奇胜的道理存乎一心,才是兵法本质。"

言下之意,大抵就是阵图管个屁用。

宗泽不仅没生气，反而扬声大笑说："我本以为你只是个勇将，没想到还是通兵法的帅才，是大宋之幸，大宋之幸啊！"

只可惜大宋有岳飞的同时，还有赵构。

这也是岳飞之所以孤独的原因所在了。

当宗泽劝赵构全力救援开封的时候，赵构跑去大名府边缘输出，并把岳飞的上司也调离了宗泽麾下，去听他心腹黄潜善的命令。

黄潜善不愧是心腹，深切领会了赵构的意思，把三四万人马按兵不动，任由宗泽围着开封打胜打败，丝毫动摇不了大局。

岳飞就只能在黄潜善军中，日复一日，百无聊赖，咬牙练枪。

当金兵终于抢完烧完了汴京城，带着三千多王公大臣北上，赵构才有空在韩世忠的护送之下打了几仗，打回南京，顺利继位。

正式成为宋高宗完颜构。

赵构不愧是复姓完颜的，所有主战的奏章一概不理，上位之后，就知道闷头往南走。

忍了几个月的岳飞忍不住了。

那会儿岳飞才二十五岁，一腔愤懑无处挥洒，没法刀枪斩敌酋，只能倾泻在笔墨。

岳飞写了大几千字，说："陛下已登大宝，社稷有主，正是伐敌之时，车驾一天天向南，如何肩负中原百姓之望？如今金人刚退,后方未稳,六军一旦渡河,必能振奋士气,克复中原!"

这番剖心沥血的话,只换来了八个字。

"小臣越职,非所宜言。"

顺便还有一道旨意,革除岳飞军职,将其贬为白身,逐出军营。

夏日的风吹起岳飞的长发,他侧目南望,见南风接取了南渡的君臣,一任血与火蔓延在北方的大地。

岳飞长叹口气,打马向北。

大名府有将军抗金,正招收豪杰。

岳飞这些年也有了点薄名,凭一番军略被将军看重,从白身被提拔为统制,接手一股义军,去王彦麾下听命。

然而大名府的抗金兵马,很快也成了一支孤军。

王彦跟岳飞前脚奉命去收复卫州,后脚就听到大名府里那位将军,因弹劾过黄潜善而获罪,被贬岭南,河北西路招抚司,从此不复存在。

月明星稀的夜里,岳飞又做梦了。

梦里大宋还很繁华,他正在汤阴县里学枪,天地安危两不知,只须想这杆枪怎么才能练好。师父告诉他,什么时候你心能忘手,手能忘枪,你的枪术便成了一半。

那时候岳飞还不明白,怎么才能忘手忘枪。

直到这一年梦醒,岳飞他们孤军奋战,又遇金兵。

那会儿岳飞跟都统王彦仍旧该渡河迎敌,王彦却迟迟不动,王彦自然有他的理由,朝廷反复无常,乱世身难自保,作壁上观不失为一个理智的选择。

但岳飞不理解。

他不理解事到如今,为什么还有那么多人可以作壁上观。

靖康之耻,二圣北去,再次回到北方的岳飞亲眼目睹这一路上无数百姓倒毙在路旁,家人死在眼前却不敢放声大哭,只能面色悲戚,只能手脚并用,爬出战场,爬向南方。

他们背后,是被金兵付之一炬的家园。

那天岳飞闯入王彦帐中,面沉如水,说:"王将军作壁上观,首鼠两端,难道真要投贼不成!"

王彦没说话,还置酒招待岳飞,岳飞喝不下酒,目光游离在酒席间,结果发现王彦的幕僚多次在手掌上写写画画,暗示王彦。

岳飞凝神看了片刻,看出那是一个"斩"字。

再好的涵养,也压不住二十五岁岳飞的心头火,他一怒离席,再不顾什么上下尊卑,朝廷法度,当即脱离王彦所部,率军渡河!

渡河就是大战!

几战之中,岳飞先擒千户长,又破万户王。

他对弟兄说:"如今两战皆胜,金兵一定会大举来攻,早做准备,奋力厮杀,当有胜算。"

那天岳飞迎着拥来的金兵四下设伏,只是不免有寡不敌众之危,于是岳飞深吸口气,提枪冲在了最前面。

那一刻他忽然明白了什么叫手能忘枪。

那把铁枪似乎已经与他融为一体,他提枪点出漫天寒星,数道刀痕箭创落在他的身上,他浑然不觉,一往无前。

那一战还是赢了,只是岳飞没法子造成更大的战果,他已濒临绝境,断粮多日。

杀马为粮,不过杯水车薪,岳飞只能再去找王彦,他想三战三捷,王彦总该有点儿勇气了吧?

王彦没有。

不必提出兵,他连军粮都没给。

月黑风高啊,岳飞走在回战场的路上,异常冷静地找出了唯一的活路。

还是打。

只有打,击溃附近的金军,搜罗他们的军资,才能活下去。

只是何至于此呢?

坚持抗金的一股宋军,怎么就落到这等境地?

岳飞抬头看着墨色苍穹,心想天日昭昭,何时能见?

回到袍泽身边,岳飞开始擦枪,心中一腔悲愤,热血涌动,催他率军去求一生路。

猝不及防,又遇到大部队敌兵。

弟兄们心志再坚,也不免有天要亡我之感。

是天亡我岳飞吗?

岳飞深吸口气,下意识地握紧了手中铁枪,这时他已忘了师父的话,也忘了什么叫心忘手,手忘枪。

只有向前。

万般风雨,波浪千重,我有一枪。

那日,岳飞单骑持丈八铁枪,破阵刺杀虏帅黑风大王,败走其众三万,虏丧胆。

打出生天的岳飞没再犹豫,随后就找机会离开了王彦,率军转投了开封抗金的宗泽,宗元帅。

两人一相逢,便有了打开局面的意思。

那会儿岳飞转战四方,已有大概的战略规划,一味固守河南是没用的,没地形优势金人来去自如,要收河南,则必须收河北。

简而言之一句话,要打得出去。

宗泽深以为然,两人一起制定战略,金人来攻来骚扰就由岳飞打回去。

只是要完成这么大的战略方针,仅凭开封这号令不一的各路义军,是没办法的。

宗泽只能一次次去给南渡的朝廷去信。

"来吧,开封已经很安全了,不来也行,给点物资,给点儿兵马啊!"

完颜构理都没理。

岳飞只能看着宗泽的身体一天比一天差,看着过年时候,开封城里张灯结彩,竟有了几分曾经汴京的意思,不由得一声长叹。

短暂的安宁像极了昙花一现,宗泽长呼三声渡河而死,这场梦就破灭了。

接任宗泽的杜充毫无进取之意也就罢了,还为了谋取私利,扩大势力,把原来已经投诚的义军纷纷逼反。

金人自然不会错过这个机会,又一次来攻。

被岳飞一箭射杀先锋将,逼了回去。

这还没完,岳飞刚回来,身边只有八百人,杜充就又告诉他一个不幸的消息。

开封附近的义军反了,号称二十万。

身边的袍泽都在念叨:"这怎么打,要不咱也撤吧,抗金在哪儿不能抗?"

岳飞没说话,岳飞心里清楚,金人大势已成,没有朝廷支持,是没法动摇金人的。

而如今能跟朝廷联系,能获得南方半壁江山支持的,只有他们信任的杜充。

于是岳飞缓缓拔刀,说:"且看我为尔等破敌。"

他带几十骑反复冲杀,挡者披靡,二十万叛军里不知裹挟了多少民夫,乱起来四处逃窜,反被回过神的八百骑迅速切入。

从午时杀到申时,终于彻底杀崩了这二十万叛军。

斜阳细风,照在岳飞脸上忽明忽暗。

杜充没岳飞那种斩杀同胞的复杂心情，他只顾大声笑着，出来拥抱岳飞。

岳飞不知第几次叹息，他说："留守，叛军已去，可安心抗金了。"

杜充眼睛眯了眯，眉头也皱起来，说："鹏举啊，有些事你不清楚，咱们可能在开封待不了多久了。"

岳飞周身一震，这消息比他听见二十万叛军更惊悚。

这是几个意思？

杜充却没再多说，直到杜充以缺粮为由，要带岳飞等人去投奔赵构，岳飞才确信了这人是准备弃城而逃。

岳飞去拉他，说："留守今日一抬脚，汴梁就丢定了，长江以北再无重镇，半壁江山拱手送人，再想打回来，没有十万兵马不可行，留守何至于此，何至于此？"

可任由岳飞如何神力，也拉不住一个杜充。

杜充背后，是整个南渡的朝廷。

孤身留在北方无济于事，岳飞只能在杜充麾下领兵向南。

而杜充弃守开封，到了南方竟然还被委以重任，要他守卫长江。

就离了大谱。

或许是赵构看见这样的杜充，打心里感到认同，这才跟他是一路人。

那确实，不久后金军南下，渡江而来，杜充先是弃城逃亡，没跑过金军，就直接投降了。

这投降的速度实在很赵构。

其实在杜充再次弃城之后，岳飞便不再跟着杜充跑了，昨日弃开封，今日弃建康，以天地之大，还有几处可弃？

那么多人都逃了，岳飞身边也能见到不少逃兵，他深吸口气，站在了营门前。

黑夜里篝火熊熊，乱兵拥到门前时，就见到白袍猎猎的岳飞手持长枪，在自己手掌心割出一道血痕，滴滴鲜血洒落在地。

渐渐地，嘈杂之声从乱兵里消失了，人们静静呼吸，望着门前双目赤红，横枪而立的岳统领。

岳飞沉默着，等到来的人越来越多，终于吐气开声。

他洒血道："我辈忠义报国，所立功名垂于竹帛，日后都是戏文里的英雄，要么活着回家，要么死而不朽。真投降金虏，被赶着送死，跪着当奴隶，又或者溃散为贼，劫掠四方，成了那些逼你们无家可归的凶手，这是你们一开始投军想要的吗？"

岳飞的声音响彻夜空，如流星划过天边，砸在麾下儿郎的心底。

"建康，江左形胜之地，胡虏一旦占据，大宋再无立国之基，今日之事，有死无二，敢出此门者，先问岳某的枪！"

这句绝云断玉的话落在地上，荡起营中士卒一片热血。

几天之内，岳飞在营中一次次宣讲，推心置腹，让这批从北方逃来的儿郎一见到他的身影,就想起回家,就燃起斗志。

只可惜随着杜充投敌的消息传来,其他营寨里又乱起来。

汹汹乱象之中,有人联系岳飞说:"几位将军商量过了,想设宴推您为主帅,在您的带领之下投奔金国。"

岳飞失笑,说:"前几夜的事,他们没听过吗?"

那人沉吟片刻,又道:"大家听过,不过大家也相信,此一时,彼一时也。"

岳飞点点头,说:"好,我去赴宴。"

建康城外的营盘里又响起歌舞声,灯火连绵,岳飞都不知道其他几位将军是从哪里找来的歌姬舞娘,跟着岳飞一起赴宴的几位袍泽也面色古怪。

战士军前半死生,原来跟美人帐下犹歌舞一点不冲突。

推杯换盏间,岳飞控制着自己,没多喝,他怕多喝之后忍不住把这些人都打死。

只是借了三分酒意,笑着对众人道:"先前有人对我说,此一时,彼一时也,我不知道在座的有几人是这般想法。我家世代为农,头上只有一片天,不懂这些道理。在我岳飞身上,永远只有一个时代,没有彼此之分。"

"抗金,就是我的时代。"

这番话说到一半,岳飞脸上的笑意就消失了,到最后一句,眉眼间已锐利如刀。

席间不知多少人脸色大变,更有几名决心投敌的将领猛地拔刀而起,刀光只出鞘三寸,便转瞬间泯灭在夜里。

岳飞出手!

身边的两三个兄弟也猝起发难,几人掀桌子出拳飞脚,刀都没出鞘,地上就倒了几十号人。

直至没人再敢动手,岳飞才扫视众人,一字字道:"尔等要投金,除非杀我,今日若杀不得我,就忘了投金之念,随我杀回家乡!"

目光凛凛里,众人莫不俯首,齐声应是。

之后的几日,岳飞整军完毕,正式开始独立领兵的生涯。他追在金军身后,一路收复失地,大破敌军,追起金军来连命都不要。

而之所以能打得这么酣畅淋漓,一是因为金军主力毕竟南下,二则是因为岳飞的主力实在有些太跨越时代了。

或许是徇国死义的嘱托一直记在心头,又或许是见过家乡太多惨象。

岳飞太清楚这些惨象是如何造成的,所谓贼过如梳,兵过如篦,往往官军剥削百姓,杀良冒功,比贼寇更狠。

他不想见到麾下的儿郎也成为这样的人,他三令五申,又开诚布公地跟大家谈过数次。

冻死不能拆屋,饿死不能掠民,我们是来救他们的,我们是来带他们回家的,不是跟金狗一样来害他们的。

这番话真切落在儿郎的心头,也真切在百姓那里得到阳光灿烂的反馈。

这股兵马就开始变得不一样起来。

当岳飞六战皆捷，驻兵钟村之际，军粮用尽，几千士卒就那么饿着，竟然没人敢去扰民。

天明拔营，岳飞脸上仍旧没什么表情，似乎大家做的只是一件再正常不过的事情，他人在马上，长枪向南，说："走，我带你们去填饱肚子。"

三军齐齐又低低地应了声好，像是暴风雨之前，滚动在天际的闷雷。

耳边传来这个动静，岳飞终于扯动了一丝嘴角，露出了些许笑意，他几乎是从无到有，从败军与逃兵之中拉起了队伍。

这支队伍没让他失望，他想有这些兄弟儿郎，何愁不能克复中原？

再次进军，连擒获的俘虏也成了岳飞的兄弟，他那双大眼睛就坚定地望过去，说："我的兵马武功你也见了，咱们是同乡，你想不想回到小时候的杨柳树下？想，就回去放火烧营，你要是不想，也大可以告诉金人，我还是会如约踏破他们的营寨，杀了你，把你葬在离故土三千里外的江南。"

同乡闻言颤抖不已，连连点头，就差痛哭流涕。

果然乡人如约放火，岳飞再次大破金军，携粮而归。

恰有宜兴县令被流寇溃兵骚扰，得知附近冒出来这样一股连战连捷的兵马，匆匆派人求援，说这里有足够一万兵马吃十年的粮食,还请岳统制来救!

就这样,从败亡与逃窜中聚集起来,从追杀与夺粮里勉强生存的岳家军,终于有了第一个落脚地。

而对岳飞来说,有一个落脚地,那就太不一样了。

原本行军途中,他除了几次三番给麾下儿郎讲道理外,只能用严酷军法来维系军纪,取民一钱者必斩,是他给军中定的铁律。

早些年学关二爷读《春秋》,没想到长大后读成了诸葛丞相的模样。

诸葛亮说:"一夫有死,皆亮之罪。"

所以练出了正面无敌的蜀汉兵马,只可惜诸葛丞相的用兵手段,还有麾下将领素养,没办法把那支兵马的力量发挥到最大。

如今有了岳飞,也算是了却了一桩历史憾事。

岳飞很难说自己拥有一夫有死,皆飞之罪这样宏大的使命感与责任感,他拥有的只是很朴素的观念。

大家都是种地的苦出身,苦出身何必为难苦出身?

有了落脚点,岳飞可以进一步把当地苦出身的百姓招募至军中,那些逃难而来的人也一并加入,跟营中袍泽说起从前,又是一处处的热泪盈眶。

然后岳飞就踏入营中,无论新来的士卒也好,征战过的旧部也罢,都见到自家统领与自己同吃同住,一同训练。

那训练的强度，岳飞是以自己为标准的，最多稍微降一点儿。

你要是拉弓不能开两百石，太菜了，别进岳家军的弓箭队混，没人要你。

开弓两百石，都能在禁军里做将官了，放岳飞这只能是及格水准。但还没人诉苦，毕竟岳飞自家儿子都是这么练的，练不及格照样要挨军棍。

打完了还是和颜悦色，我岳飞沉稳温和，跟军法绝不容情有什么关系？

一时间岳家军中的儿郎，对岳飞又敬又畏，见之如见严父。

至于宜兴附近的流寇与溃兵……那能叫流寇溃兵吗？在岳飞眼里那都是迷途的孩子，都是预备的兵源，多大怨啊，非得抢寻常百姓，还不是大家走投无路。

你宜兴城里有军饷，不敢随意放粮，那好，我把他们都打服，收编部队，就可以让大家都吃上饱饭了吧？

到后来，岳飞打都不用打，附近的流寇得知投降岳飞，除了军纪森严，没人会歧视你，没人会欺凌你，还天天都能有饱饭吃，几乎人人争着来降。

除了流寇溃兵，临近几个县里也多的是人跑来宜兴。

如今世恶道险，能护一方周全的几乎没有，可看岳飞的模样，连金人都敢追着打，只要有他在，附近方圆百里之内不敢有流寇，不抱他的大腿抱谁？

于是口呼岳爷爷，于是给岳飞建生祠。

岳飞哭笑不得，那会儿他刚把母亲接过来，他才只有二十七岁。

没错，岳家军成型，且冻死不拆屋，饿死不掳掠的时候，领兵的岳飞年仅二十七岁。

当然，这会儿岳飞还派人悄然从北方接回了自己的母亲，也是这个时候他才知道，自己少年时代的结发妻子，已经带着幼子随人改嫁了。

几年以后他才知道，原来前妻是跟着韩世忠手下的一个小校走了。

那几年他从军在外，妻子照顾母亲孩子，撑不下去也是正常的，岳飞叹了口气，找人给前妻送了五百贯钱，了了这段姻缘。

家事之外，岳家军既然成型，那就少不了亮相的大战。

那年金军劫掠江浙，又是想来就来，想走就走，这次泱泱大宋终于有人敢站出来，要他们来得去不得。

韩世忠雄踞大江，要拼命堵死金军北归的道路。

死战几日，又有梁红玉擂鼓助阵，韩世忠的兵马虽没岳家军这种军纪，仍旧能鼓一时士气，水战大胜金军，把金军逼到了黄天荡内。

黄天荡是个废弃渡口，金军想逃，要么正面击败韩世忠，要么挖通淤泥跑出去。

这会儿的岳家军还没有水军,就带兵奔向了黄天荡后的出口,当金军挖出条路杀到岸上,没跑出几里路,就撞见了岳飞。

估计金军还挺开心,从韩世忠水战那受的气,陆战总算能出了吧?

即使我们是疲惫之师,难道野战还打不过宋军?

岳飞微微一笑。

这群疲惫的金军精锐,正是岳家军最好的磨刀石,他长枪向前一点,身后令行禁止的一万儿郎随即扑上。

金军当即对冲。

金军气势如虹,金军喊杀震天,金军不行了。

从没有过这样一支兵马,死不旋踵,灵动鲜活,还越打越兴奋。

这些儿郎也发现了,原来金人也会败,女真人的主力也没比我们强多少,特别是当中军之中骑白马,持长枪的岳爷爷纵马一冲,多艰难的局势,也迎刃而解。

金军主帅头皮发麻,怎么也想不出宋军何时冒出了这样一个瘟神。

当时他还在想,这也就是刚从大江里出来,没法列阵,没法骑射如风,否则老子一定要教你怎么做人。

这天,岳飞沿河追杀,金军横尸十五里,最终又缩回了黄天荡内。

只可惜有宋人奸细出卖韩世忠,把他的水船破绽和盘托出,令金军得以烧毁韩世忠大船,脱困而归。

可这一战终究使人见到了希望。

金军,绝不是所向无敌的。

3

之后很长的一段日子里,沙场就成了岳家军的舞台,从前女真满万不可敌,如今凡岳飞出手,就真的无一败绩。

金军主力都差点儿废掉,韩世忠围困黄天荡的时候岳飞也没闲着,几次拦截建康方向的金军,或者半夜袭营,或者预判动向,半路设伏,把金兀术打去了淮西。

遂收复建康城。

顺便献俘京城,第一次见到了赵构本人,再次剖肝胆进言,说:"金人南下,必过江淮,之前有大臣请调微臣,臣以为不可,更宜多派兵马,固守江淮。"

这番话说得诚恳,贼有道理,外加真切威胁到了赵构的人身安全。

赵构离席而起,大为赞叹,并亲自赐予岳飞百花袍,金腰带,又令人送上五十副铠甲,激赏之意溢于言表。

大抵也是因为亲眼目睹,岳飞忍不住又从心底升起了一簇希望之火。

圣天子或许只是受人蛊惑,本心还是圣明的。

那会儿的岳飞还不知道，完颜构此人，都当孙子多少年了，见到南归的辛弃疾，还能一见而三叹息，收买人心的表面功夫，向来做得很足。

反正岳飞是真的入了朝廷之眼，开始被渐渐重用。

比如金人南下，朝廷让人前去救援，别的将领要么不敢打，要么距离太远，只有岳飞听令前去，孤军奋战。

都孤军奋战了，岳飞还能提枪在前，用骑兵断后，掩护当地百姓随军撤离。

又比如巨寇叛匪，搅乱江南，朝廷的江南招讨使久为建功，就把岳飞调过去救火。这次岳飞用兵又刚烈起来，只要你敢打，我就敢正面爆锤你。

反贼或许是被打得太惨，败得太快，逃着逃着产生了我能反杀的错觉。

于是忽然回头。

然而只有前锋能整合起来，真正掉头杀向岳飞。

结果这位前锋大将，就被岳飞从马上窥见，高高跃起，张弓搭箭，一箭取走了他的性命。

叛军一头雾水。

岳飞落马在地，像是什么都没做一样，照常喊了一声"冲"，这股叛军便被冲得溃散。

当然岳飞平叛，也有用兵像李世民的时候，就带那么几十号人，百来号人在对面大营或者城池前边晃，把自己当诱饵。

三军统帅当诱饵，能有几个按捺得住啊？

遂有叛军出城追杀，遂有岳飞佯装败北，之后就是伏兵尽起，岳飞一记回马枪教他们做人的故事了。

这套路，为祸岳飞家乡的二贼可谓是异常熟悉了。

那天但见伏兵四起之后，岳飞纵马冲杀，一边挥动长枪，一边迎风大喝："降者立坐，坐者不杀！"

于是天地之间，飞雁惊走，黑压压的人群先后落下，像是少了半截，八千人乌泱泱坐下去，厮杀的场面都为之一静。

叛军就此平定。

只是平定之后还有后话，大抵是讨厌这里的叛贼反复无常，赵构偷偷下了密令。

这密令也过于无耻。

赵构说："要不你屠个城吧？"

岳飞一头雾水。

岳飞说："不了吧，还是只诛首恶吧？"

赵构还不答应，等岳飞三番五次上奏，赵构忽然明白自己是使唤不动这家伙屠城，才勉强赦免了被胁从的百姓。

百姓感恩戴德，回头就给岳飞立了生祠。

也不知道这件事，还有更久以前岳飞越级上奏，请赵构别跑去江南的事，会不会在赵构心里积淀多年。

总之岳飞用兵，是真的不拘一格，早年间一无所有，就凭一腔孤勇，后来有岳家军就孤身诱敌，等伏兵四起，有时候一封劝降信攻心为上，他平定洞庭湖杨么，又换成了离间之策，大兵压境之后把洞庭湖诸盗分化，趁对方内乱，一鼓荡平。

面对不同的敌人，就有不同的手段，再加上举世无双的军纪军心，无论什么地方招抚来的兵源都可以练成精兵，这些本事足以让岳飞成为千古名将。

还得是两千年古代史，座次前五的名将。

当然这点单凭虐菜是体现不出来的，可毕竟岳飞南渡之后的这些年，也时刻没忘记过北伐。

平定叛匪过后，赵构亲自给岳飞发了一面精忠报国的大旗，又拉着岳飞套近乎，笑着说起他以前的荒唐事，问他是不是酒喝多了，喜欢拉人比武，还差点打死人家。

三十岁的岳飞老脸一红，说："臣以后一定戒酒。"

那会儿金人立了个傀儡势力，方便管理汉人，这势力史称伪齐，压在南宋君臣心头，连赵构都觉得给金人当孙子没问题，你个伪齐还敢时不时来恶心我，过分了。

从前几年收复建康之后，岳飞就三番五次上过奏折，请兵北伐。

全被赵构否了。

这次岳飞提议北伐伪齐，收复荆襄，没想到赵构竟然准了！

虽然赵构又屁搓搓地补了一句，说："收荆襄六郡就收荆襄六郡，别想着提兵北上，收复汴京之类的，不然即使能立奇功，也是要罚的。"

岳飞无语了。

行吧，这么多年，也不是不知道你尿，能出兵就够了！

这次北上，岳飞难得振奋，渡江的时候想起祖逖，也击楫中流，说："飞不擒贼帅，复旧境，不涉此江！"

打郢州城，岳飞指挥若定，连对面的滚石掉在面前，也不动分毫。

开战前岳飞只说了一句话，他说："兄弟们，我带你们回家。"

于是前有岳家军气势如虹，后有岳飞不动如山，郢州城一日告破！

伪齐将领李成听闻战报，吓得弃守襄阳，直到等来了金人爸爸的援军，才敢掉头回来与岳飞对阵。

也不知李成是怎么想的，似乎金人一到，他的胆气便可吞天了，竟然要跟岳飞野战。

岳飞只扫了一眼他的军阵，就忍不住笑起来，对左右说："今日我们可以早点收工了，李成军阵分明，我们就以枪兵对他骑兵，骑兵对他步兵，大胜可期。"

阵而后战，岳飞已经很久没见过这么老老实实按套路用兵的敌人了。

李成信心满满，跟着金人爸爸就开始冲锋，怎么也没想到自己无论往什么方向冲，见到的都是迅速溃败的兵马。

就这样，伪齐的生力军被岳飞轻松拿下。

三个月不到的时间，岳飞克复荆襄六郡，震动朝廷，连赵构都恍惚起来，说："我知道岳飞向来纪律严明，怎么纪律严明，竟能破敌如此吗？"

或许那一瞬间，赵构甚至动了重新整军的念头。

但很快赵构就放弃了，他甚至有点儿躺平，望着天，心想我连个儿子都没有，这么麻烦，费心费力，做这些图什么呢？

罢了，赏岳飞一个节度使得了。

这年岳飞三十二岁，成了大宋历史上最年轻的建节之人。

其后岳家军屯田鄂州，班师路上，岳飞还不忘布下诸多后手，他坚信自己一定会再次来到中原的战场，他需要更多的力量，他要联络一切可以成为朋友的势力。

这是岳飞平定乱匪，得到重用之后就开始的谋划。

不连结河朔，则无法光复河北，不光复河北，中原就无险可守，还是无法威胁金人。

真要按岳飞的思路，甚至不仅要打到河北，你至少要有直捣黄龙府的能力，才能让金人不敢南下，才能说攻守之势异也。

寇可往，我亦可往。

为了这场北伐大业，岳飞苦心孤诣，周旋在朝堂诸般势力之中，但凡有什么军功，他也愿意分给朝中大将，对待文臣更是向来恭谨，写词写诗，不弱于人。

这使岳飞很快得到了第二次北伐的机会。

这源于他连结河朔的大计取得成效，太行山义军突破重围,来到南方,告知他北方兵马的动向与可以策应的势力,这是北伐的节点。

也源于他结交文臣,几次被举荐,终于得以在宰相麾下,进兵中原。

只可惜水土不服,常年在南方待着,岳飞已患了目疾。

屋漏偏逢连夜雨,岳飞的母亲又在此时去世,他想为母亲守孝,又不得不奉命出山。

他感到自己背后的四个字麻麻的,像是母亲的目光,落成一寸寸的鞭子,抽打着他,督促着他,要他去救这个天下。

双目酸痛,逐渐变得一大一小,岳飞闭了闭眼,才使视野清晰起来。

三军皆在面前,天气逐渐转凉,宰相忽然担忧战事一旦胶着,真打到冬天,会不好打,要诸将先固守,再谈恢复。

那太行山突围过来的义军,带来的情报也好,能策动的响应者也好,还能等到来年吗?

岳飞深吸口气,决定如约进军。

这次北伐还是连战连捷,真的一路打到了太行山附近,只可惜没有其他兵马援助,岳飞孤军深入得越狠,越是需要后勤保证。

这时候赵构发话了。

赵构瞅着面前的捷报,面色不动,说:"我知道你们这些用兵之人,报捷总是有点儿水分的,总要把这些水分弄清楚,才好论功行赏，是不是？"

所以问清之前岳飞部如今有多少人，又纳了多少降兵。

朝廷也不知道，那就别发那么多粮饷了。

赵构抬起头，苍白的脸上嵌进去两颗眸子，宛如两团幽森的火光。

远在太行山的岳飞，连日没有收到军饷的消息，心一点点往下沉去，双目之中的疼痛又泛上来，使他不由得闭了闭眼。

再睁开，岳飞吞下几乎要叹出的气，轻声对身边人说："整军，班师。"

回师途中，一腔热血终究按捺不住，又像很多年前一样，当刀枪无法斩却仇人头，只能笔墨倾泻白纸堆。

怒发冲冠，凭栏处、潇潇雨歇。抬望眼，仰天长啸，壮怀激烈。三十功名尘与土，八千里路云和月。莫等闲，白了少年头，空悲切！

靖康耻，犹未雪。臣子恨，何时灭！驾长车，踏破贺兰山缺。壮志饥餐胡虏肉，笑谈渴饮匈奴血。待从头、收拾旧山河，朝天阙。

之后的第三次北伐，也大同小异，赵构就是不愿给岳家军发粮了，只能让他们收复一点点失地，完事接着撤退。

那时岳飞已窥破赵构的心思，把曾招降的伪齐兵马，悉数散回北方，并恳切地对他们说："你们都是国家赤子，是中原百姓，不幸沦落到这等境地，如今我放你们回去，只希望你们能念在身处岳家军的这几日，能想起从前的平安喜乐。"

"日后王师再来，还请务必相助！"

只可惜第三次北伐后，岳飞险些再没机会北伐中原。

伪齐被岳飞三番两次打击，金人数次救援，终于觉得这方势力太过鸡肋，主动取缔了它，并借此与南宋和谈。

和谈的条件呢，也特别简单，无非是你南宋称臣，以后就是我的藩属国。

国书上写得清楚明白，这就不叫和谈，这叫招抚，和谈的条件，所谓的归还河南土地，那也不叫归还，叫赐予。

到你南宋皇帝身上，那就更简单了，咱都君臣之国了，哪能有两个皇帝呢？

今后大金的国书到了，江南国主应该跪拜迎接，这才有和谈的诚意。

就这样的条件，朝中无论是主战的还是主和的，通通不能同意，韩世忠上书十余次，岳飞大声喊着金人不可信，硬是喊不回赵构。

赵构跟秦桧铁了心要和谈。

无论是谁要阻止和谈，通通都御史台走一遍流程，文臣们有的被罢官免职，有的被贬谪海南。

至于岳飞、韩世忠，你们手里有兵，那就置之不理。

反正和谈流程走起来，你们也没什么办法，总不至于你们俩还能发动兵变吧？

韩世忠愤愤不平，那几年他跟岳飞混得最熟，天天去找岳飞喝酒，结果岳飞说戒酒就戒酒，还真的不喝了，只剩喝多的韩世忠踩在桌子上，大骂好人就该被人拿刀指着？

岳飞拉了拉他，面无表情，说："无妨，还有机会的。"

韩世忠瞅着他，说："有个屁的机会。"

岳飞的大小眼因为疼，不由地眨了眨，说："总有机会的。"

那年秦桧替赵构跪倒在金国使者面前，接收了金国的国书，赵构为了庆祝"和议"达成，更是大赦天下，并对各色将领大加封赏。

比如加封岳飞开府仪同三司衔。

岳飞不受，岳飞不仅不受，还上了封奏折，说自己能定谋于全胜，收地于两河，唾手燕云，复仇报国，令金人俯首称藩！

这封奏折递上去，半点动静都没有。

没辙，岳飞只能一遍遍辞去开府仪同三司衔，寄希望制造点儿回音。

他说："今日之事，可危而不可安，可忧而不可贺。可训兵饬士，谨备不虞；而不可论功行赏，取笑夷狄。"

这次终于有了回音，赵构又下了一次诏书，温言劝抚，说："看在朕的面子上，你就接了吧。"

岳飞无语了。

岳飞能有什么办法，赵构都这样低姿态了，他也只能接下。

那几天里，岳飞徘徊在深夜廊下，总是想起自己从前写过的一首词。

　　昨夜寒蛩不住鸣。惊回千里梦，已三更。起来独自绕阶行。人悄悄，帘外月胧明。

　　白首为功名。旧山松竹老，阻归程。欲将心事付瑶琴。知音少，弦断有谁听？

知音少，弦断有谁听。

4

自和议之后，岳飞一次又一次地找机会，他想随使者一起去开封，去看金军虚实。

赵构不许。

赵构不止不许，还又打上了一层补丁，他知道以岳飞的秉性，既然请命去开封，肯定还会有其他动作，遂命岳飞不得深入河南去招抚义军。

直到绍兴九年，金兀术发动政变，杀死主和派高层，要继续对宋用兵。

那完颜构自然还是贯彻了自己"以诚待敌"的方针，对和议以来接收的河南地全不设防,任由金军占据,以望金军可以吃饱了自己缩回去。

金兀术感叹:"我就没见过像赵构这么天真可爱的皇帝。"

当金军更进一步,南下的铁蹄越发凶残,赵构终于也坐不住了,命韩世忠、张俊、岳飞等人火速支援前线,防备金军。

但是等西线的川陕兵马大胜金军,东线的韩世忠取得优势,朝廷又变了。

火速支援河南的岳飞还没等北上,就先迎来了赵构的使者,那使者万般无奈,来到岳飞军营之中,说:"陛下有令,兵不可轻动,宜且班师。"

岳飞沉默了片刻,没应。

正当那使者紧张起来时,岳飞忽然起身,指着大帐里一张地图开口了。

"建炎元年,我去大名府投军,当时就对张所将军有言,河南未可守,河北诸关不获,则燕云终生无望。所以这十几年间,我连结河朔,金人驱汉人如猪狗,则数以万计的猪狗只等我们振臂一呼。金人连番内斗,权贵耽于享乐,再不复当年满万不可敌的盛况,此时南北夹击之下,我实在想不通金人还有什么胜算!"

那使者听到一半,就知道岳飞想说什么,当他听完岳飞的分析,更是无言以对。

东风浩荡,吹起营帐一角。

这使者深吸口气,忽然问道:"三军是不是已经出发了?"

岳飞眉头一皱，刚想回答没有，却瞬间福至心灵，点头道："三军已动，不可轻收。"

那使者长出口气，说："三军北上不可回，那就先行北上，真遇到不可为之事，则尽快班师，至于矫诏之罪……我为将军当之！"

这一刻，岳飞甚至能听到自己的心跳声。

前后十年，终究能倾力北伐！

这次虽然仍旧是孤军北上，西线与东线的兵马没能力支援，可他们至少也都牵制了一部分金军，使得金军无法合围。

要想拦住岳家军，就只能让金兀术从京城再调精兵，孤注一掷。

岳飞等的就是你孤注一掷！

这么多年，女真人还是骑兵纵横那一套，至多发展出了铁浮图，用重装骑兵，可岳飞什么没见过，被赵构压在荆襄几度春秋，还能没后手吗？

郾城一战，金兀术出铁浮图，又出三人联马，贯以铁索，号称拐子马，都是重装骑兵，但凡冲起来就无可匹敌。

岳飞能敌。

岳家军能敌。

要打这些重装骑兵，只有一个很简单，也很残酷的办法——不怕死。

只有不怕死，才能手持长刀巨斧，面对汹涌澎湃冲击而来的重装骑兵方阵，在令行禁止的呼声中俯身下潜，一刀砍断马腿。

如果你真的砍断了，身着重铠的战马压在身上，也是会死人的。

可好消息是，只要倒了第一批重装战马，金人后续的冲锋就会受很大的打击，敢死之士头不仰视，挥刀就砍，岳家军随后跟上，金兀术的骑兵就这样没了用场。

史书记载，只有四个字。

官军奋击。

这四个字里包含了多少回家的渴望，多少不顾生死的豪情，多少个日夜里岳飞的恳切相谈，多少次军棍里的残酷训练。

直至他们倒下的那一刻，他们仍旧相信，岳爷爷能领着剩下的兄弟大破金军，直捣黄龙，带兄弟们和自己的骨灰，回到故乡。

前边几点，岳飞确实做到了，放眼千年，也没几个人能比他做得更好。

郾城大捷、朱仙镇大捷，到后来岳飞只需要几百人，就能大破金人仗之纵横天下的重装骑兵联队，金人技穷，只能撤出开封，逃向北方。

河北义军四十万，群起响应，而金兀术再行招兵，已无人来投。

即使金人凌虐打骂，人们也只高昂着头，说："等岳爷爷来了,管教你死无葬身之地。"

金兀术从没感觉这么恐慌过。

三十六岁的岳飞壮志未歇,两次大捷之后请人对十万袍泽高呼:"今次杀金人,直捣黄龙府,与诸君痛饮!"

故事永远停在了这一刻。

岳飞矫诏出兵的消息已到了京城,或许是接二连三的捷报让赵构不得不怀疑是假的,又或许是赵构没了儿子,生怕沾惹半点儿麻烦。

你要收复中原,你要克复神州,你要天下百姓都能回家,都能安居乐业⋯⋯

那跟我有什么关系?

我只想苟且偷安,我只想在江南享受歌舞升平,谁来打扰这份歌舞升平,谁就是我的敌人。

从前金人和伪齐打扰我,那你岳飞就是我手中最好用的刀,如今是你岳飞在北伐,在挑拨事端,那你岳飞就是我的敌人。

十二道金牌,赵构或许发到了岳飞手里,或许直接发到了岳飞麾下十二统制的手里。

只要你麾下的统制不能全部互相信任,一方不理金牌去进军,另一方就有可能因为金牌而退兵,这时候必定配合不当,必定损兵折将。

赵构甚至还笑了笑,心想自己果然还是很聪明的,不愧是中兴之主。

就这样,岳飞也停了下来。

四十万河北义军还在闹,金兀术仍旧征不出兵,黔驴技穷般地运用骑兵,已经被岳飞给打废了,且不说没有这十二道金牌岳飞能不能直捣黄龙府,至少收复开封,收复河北,是绝对没问题的。

奈何赵构偏偏发了这十二道金牌。

别去想岳飞是不是犯了什么错,也不用说他根本不提迎回二圣许久,提议立储也不过是金人要放回钦宗的儿子,他主动去替赵构想法子确立赵构的正统性。

这位一心北伐的岳元帅,属实没什么问题,连秦桧都找不到问题,近代历史发明家岂能比秦桧还专业?

大家之所以觉得岳飞多半有问题,只不过是因为没人能想明白,赵构为什么可以这么无耻。

但人的无耻,人的恶意,本就是不需要理由的。

赵构就是这般的聪明,且无耻。

他想到了绝佳的法子让岳飞不得不撤军,但他不需要面对前线一丝半点儿的煎熬。

这些煎熬都落在岳飞身上。

汴梁城的百姓也好,河南、河北的读书人也罢,乃至各地的义军,都纷纷来问他,说:"我们南望王师一年年,如今中原赤子心如此坦露,你何忍弃之而去?"

"你弃之而去,可想过我们会有什么下场?"

向来冷静的岳飞也一次次的忍不住，一次次流下热泪，他从怀里掏出诏书，咬牙切齿，说："我本就是矫诏出师，再自行擅留，与谋反无异也！"

所能做的，不过是留军五日，等中原百姓迁移襄汉。

当三军班师鄂州，听闻河北四十万义军转瞬被金兀术弹压，岳飞恨不能拍碎栏杆，吴钩斩尽无数山，却终究什么都不能做。

万千愤懑，化作一声长叹。

"所得诸郡，一旦都休！社稷江山，难以中兴！乾坤世界，无由再复！"

十年之功，毁于一旦。

这次回朝后，岳飞没再像从前一样一次次上疏北伐，才三十多岁的人，就已经万分疲惫了，他径直上疏请辞，想解甲归田。

只是后来的故事，大家也都知道了。

金军被岳飞这么一顿打，也无力南侵，遂主动与赵构和谈，赵构从没想过还有这等好事，对和谈条件，是万般应允。

乃至条件里有一条：必杀飞，始可和。

赵构想了想，犹豫再三，还是在秦桧的一次次劝说下同意了。

大宋不杀士大夫，大宋也不杀宰执，但真到需要清除的时候，赵构便丝毫不在意祖宗之法，也不在乎脸面了。

一旦决定，就是疾风骤雨般的攻击。

无论是诬陷岳飞部下谋反，还是策反岳飞同乡，又或者搜罗岳飞此前的语言文字，曲解他的原意，说他有叛逆之心。

很快，就把岳飞送进了大牢，送去大理寺受审。

大堂之上，堂外风雨萧萧，岳飞袒露背上四个大字，是所谓"尽忠报国"，他抬起头，说："我这一生，无姜室，无余财，一心克复中原，可对天盟誓，无负国家。"

主审官为之动容，无法再审。

还是秦桧跑过来，说："此乃上意。"才催着这流程持续走下去。

多的是读书人在质疑，自身处境也堪忧的韩世忠喝了几杯酒，终究忍不住，跑过来质问秦桧："岳飞到底有什么罪？"

秦桧只道："还未审结，莫须有也。"

韩世忠似哭似笑，他定定盯着秦桧，说："'莫须有'三字，何以服天下？"

秦桧不答，韩世忠除了发泄怒火，他也实在做不了什么，除非他要带着全家老小与岳飞一起赴死。

他只能眼睁睁看着岳飞以莫须有的罪名，死于大理寺狱中。

绍兴十一年十二月二十九日，天降大雪，大理寺狱外传来脚步声，岳飞用力闭了闭因北伐而无时间治疗的双目，再度睁开。

挥毫写下八个大字。

接着他站直了身子,迎接他未曾料想过,但也不曾惧怕的结局。

这年岳飞三十九岁,死于大理寺冤狱。

只留下狱中绝笔,笔走龙蛇,墨如二十年间淋漓血,无言声声诉苍天:

天日昭昭!天日昭昭!

【自古英雄都如梦】

从前有个汉子,出身底层,没啥文化,自小除了跟村里的武师练功,再无正经事做。

就是练功,汉子也没学多少年。

因为这厮也不知是怎么回事,师父教的东西他看一眼就能会,一出手比谁都灵活,比谁都快准狠。

几年的工夫,师父就失业了。

就只能看着他天天闲着没事,喝酒吹牛,纠集乡里一群弟兄,跟隔壁村打架斗殴。

凭汉子的武功,很快就打得神憎鬼厌。

附近的村里教育小孩,口头禅都是你不好好学习,长大了连韩泼皮都不如!

汉子也不是不知道自己不讨喜,师父跟他喝酒,边喝边叹,说:"你这么下去也不是回事啊。"

汉子说:"是啊是啊。"

师父说:"前几天村里来了个道士,看模样像是有正经出身的,你又把人家打了?"

汉子说:"是啊是啊。"

师父一把拦下他喝酒的手,说:"别他娘喝了,为师就这两坛好酒,都被你喝光了!"

汉子咧嘴一笑,手底下一个翻掌切腕,师父还没回神,这泼皮又灌下去一碗。

师父茫然了半天,最终只叹了口气,说:"你闲着没事揍人家干吗?"

汉子挑了挑眉,说:"那狗道士消遣我,说我日后能做三公,一看就是老骗子了,不揍他揍谁?"

师父心中一惊,回想那道士的谈吐,忍不住生出一股"万一是真的呢"的心思。

只是回头看自己已经被喝空的一坛酒,师父抽了抽嘴角,觉得自己真是想多了。

师父沉吟着,正在思量怎么开口,狂喝了一坛酒的汉子忽然把碗往案上重重一放。

"嘭"的一声,打断了师父的思路。

师父嗔了,说:"你小子干嘛呢?"

汉子只是笑,他说:"师父,明儿我就收拾行李走了,剩的这坛你今儿喝了也罢,给我留着也好,等我混出名堂,一定把您这两坛酒还上!"

师父眨眨眼,没明白。

汉子"嗨"了一声,说:"您今儿叫我来,还说我总这么下去不行,不就是要给我指个出路嘛,我都懂,反正我在这不受人待见，前几天边军招人，我已经报名了。"

师父吸了口凉气，瞅着汉子，忽然发现这厮还挺聪明的。

师父欲言又止了几次，终究叹出口气，又给汉子打开了第二坛酒。

师父说："我不是嫌你在村里神憎鬼厌，你是学武的天才，不该把你的一生消磨在这里。"

"去吧，去见天地之大，去见生死之危，去奔向你的战场，去一把刀劈出你的朗朗乾坤。"

那天秋风萧瑟，落叶纷飞，汉子大声应好，干了碗中酒，转身向西投军。

大宋军旅，积弱已久，可就在汉子投军之后，无人问津的军中角落里，忽然出现了一连串开挂般的战绩。

天际浮云来去，塞外牛羊正肥，西夏兵马侵扰的时候，汉子已到了军中。

刚开始几战，汉子身为一个小卒，还没折腾出太离谱的事情，最多就是凭一身武功在沙场上来去纵横，积功升为小队队长。

然后这个人就开始秀。

凭身后的十几个兄弟，攻城拔寨的时候，那么多宋军久攻不下，汉子眯了眯眼，冲身后的兄弟们一抱拳，说帮我掩护一二，看我杀贼破城。

兄弟们毫不犹豫，跟着汉子就往前冲。

众目睽睽之下，但见汉子口中叼刀，双手攀梯，飞一般爬上了银州城头，接着半空中刀光一闪，准备阻截汉子的一圈西夏兵顿时身首异处。

漫天血光里，汉子停也不停，纵身前突，方才在城下已经瞅准了西夏军将旗所在的他莫名想起师父的话。

去吧，去一把刀劈出个朗朗乾坤！

汉子出刀！

汉子一路杀到西夏将旗之下，在西夏将领惊恐又错愕的目光里，以一敌百，再出一刀！

那天北风呼啸，汉子浑身是血，从银州城头上把西夏守将的头颅丢了下去，身边是围了一圈又不敢上前的西夏兵。

城下的宋军为之一振，汉子的弟兄鼓噪起来，三军向前，终于破了银州城。

汉子也因此战进一步升迁，暂领敢勇军，也就是敢死队。

往后的战役，汉子是一刀一重关，他们拿下了银州，西夏当然不会善罢甘休，当西夏兵马横冲直撞，其间一员猛将如入无人之境的时候，汉子又眯了眯眼。

汉子回身去问擒来的俘虏，问："那人谁啊？"

俘虏瑟瑟发抖，说："那是我们的监军驸马，贼能打。"

汉子挑了挑眉，忽然一笑，说："行了，我知道了，很快你就能见到你的同袍了。"

俘虏一脸茫然，说："您要干吗？"

汉子提刀斜指说："无他，斩将夺旗尔。"

遂跃马冲阵，耳边的风声鼻间的血气，马蹄踏起飞沙与寒铁的碎屑，迎头向西夏监军驸马撞过去。

这支敢勇军奋不顾身，他们望着最前方的汉子，爆发出前所未有的激情。

其实宋军也不弱，也不怕死，他们只是怕输，而这批敢勇军无比清楚，只要自家老大冲到对方面前，这一战就赢定了。

西夏驸马斜睨冲来的宋军，自负武力，当即拍马迎上。

两波兵马撞在了一起。

如同两把刀交错而过，闪烁出红色的血光，瞬间洒满了半边天。

回首，西夏兵马惊恐地发现自家驸马已经没了头颅。

汉子一刀斩首，西夏驸马的头颅被身后的兄弟接住，他们涨红了脸，再次发出欢呼与咆哮，西夏兵马乱成一团，汉子拨马再冲，便无人能挡。

那天西夏兵争相逃窜，汉子提刀独立，脸上是怎么都遮不住的得意之色。

他想："老头儿，我这一刀劈得真好。"

这会儿汉子才二十多岁，风华正茂，本以为自己会凭这等大功扶摇直上，没想到却只升了一级。

汉子的兄弟们不忿，多方打探，才知道了这事的全貌。

上司没吞了他的功劳，甚至还劝朝廷破格提拔，但这样的奏报到了朝廷,具体来说就是到了大太监童贯手中,童贯却觉得这玩意儿是假的。

攻城战你冲上城头杀了人家守将?

两军对冲,宋军什么鬼样子童贯最清楚,你凭什么杀了人家西夏驸马?

童贯不能理解,觉得是有人想提拔自家心腹,谎报战功,所以就只升了一级。

兄弟们虽然知道了原委,可还是愤愤不平,汉子压了压手,说:"没事,童帅年纪大了,没见过的事情还多,以后咱有的是机会让他见咱的刀。"

正如汉子所说的,那些年他在西境跟西夏作战,积功一点点升迁,当方腊起事的战火开始蔓延,朝廷四处找人平叛,自然也找到了他。

汉子此去江南,方腊的真身不好找,叛军里大大小小的头目又太多,汉子斩将夺旗的一招鲜不好用了,只能另想办法。

汉子想了半天,就想出个诈败伏兵的计策。

属下们面面相觑,说:"校尉,咱不会用兵法,要不就不用了吧,直接冲也能赢,干嘛诈败?"

汉子摸了摸下巴,嘿嘿一笑,说:"没事,就诈败,方腊那群人也是乌合之众,没什么人正经学过行军布阵的方略,看不出咱们真败假败,到时候弩箭一射,这群人必定四顾逃窜。这些人都逃了,那方腊就好找了。"

属下眼前一亮，这熟悉的节奏就来了，只要找得到对方首领，老大就没有打不赢的。

次日用兵，汉子伏兵之计大获成功，然后穷追不舍，把方腊赶进了清溪峒里。汉子散出兄弟，问附近的乡民有没有小路能去清溪峒，不多时果然问出。

汉子咧开嘴笑，抽刀，说："兄弟们，大功唾手可得了！"

遂从小路带小股兵马，悄然逼近清溪峒的叛军大营，接着放火，突袭，韩世忠部杀了几十个叛军，终于逼出了方腊所在。

汉子在大火里扬声大笑，快步赶上，刀光如霹雳，劈断了方腊的生路。

这把刀横在方腊身前，方腊忍不住双腿一软，跪在地上。

汉子笑了笑，回头大喝，招呼叛军通通放下兵刃，听候发落。

没错，生擒方腊的不是鲁智深与武松，而是这位汉子，并且这位汉子生擒方腊的军功不仅在小说里被人夺了，历史上也真的被人夺了。

回营之后，方腊立刻被人接走，鬼知道怎么转手的，最后就成了另一位将军的功劳。

班师回朝的路上，每个暂驻之地都少不了庆功宴，庆功宴上汉子就看着人们欢声笑语，自己却怎么都笑不出来。

兄弟们劝他别想了，反正您这次南下也认识了不少人，伏兵那波，先锋大将都觉得您有万人敌的本事呢，他们肯定会还你一个公道的。

汉子叹了口气,喝了口酒说:"我不是觉得我最后得不了一个公道,我只是觉着,这公道靠我自己好像怎么也争不着。"

兄弟们不理解,说:"这有啥可气的,天塌下来有大人物顶着呗。"

汉子闭了闭眼,他也不知自己在烦些什么,或许是这些年他习惯了凭自己手中一把刀就战无不胜,此刻才发现原来一把刀并不能真的荡平乾坤。

许多事,刀是没有用的。

就在这场庆功宴上,别人都在欢声笑语,找来的营妓也翩翩起舞,只有汉子闷闷不乐。

至少在见到那个营妓之前,汉子是这么认为的。

或许是某个抬头的瞬间,或许是人群交错的时候不经意的一眼,汉子见到了同样眉眼里结满霜雪的姑娘。

四目相对,一句诗蓦地闯进庆功宴里。

冠盖满京华,斯人独憔悴。

这里不是京华,憔悴的也不只一人。

那一刻汉子的郁闷减轻了一点儿,他冲姑娘招了招手,笑着问:"你这小娘皮怎么这么不专业,你那是笑吗,眉眼里谁都看不起似的。"

姑娘就笑,笑起来眼波流转,让人如沐春风,她说:"将军,这可够专业了?"

汉子挑挑眉，目光如刀，从姑娘秋波暗送的眼睛里还是看出了漫不经心的不屑，仿佛是什么都不在乎，谁也都看不起，于是逢场作戏，你要我笑，我便笑给你看。

没人把目光放在她的身上，那眉目间就重新盖上冰雪。

汉子哈哈大笑，说："好，笑得好！"

汉子一把拉住姑娘的手，说："你怎么跟你的同行不一样呢？别人想着卖笑卖身子，想着一夕快活然后得不少赏钱，还有的胆子大，能想想嫁出去当妾，我看你一点儿都不想啊。"

姑娘还在笑，脑袋轻偏，身子柔弱，言辞却也如刀。

她说："将军胆子大不大？将军还不是想立功挣些俸禄赏钱，胆子大了是不是就想着抱住某个贵人的大腿，好让立功挣赏钱的路途更顺畅些？"

汉子整个人都坐直了些，他的笑容有点儿僵硬，他不再闷闷不乐了，他觉着自己的心脏一直在跳，他有好些事一直没想过，今日好像便要想通了。

汉子深吸口气，他说："你是把我们这群人，都跟你比了，你配吗？"

姑娘巧笑倩兮，说："贱妾不敢，贱妾出身风尘，什么薄情郎都见过，什么生死里走过的阴私事也经过，早没什么在乎了，出言不逊，还请将军勿怪。"

汉子松了抓住姑娘的手，定睛看她，说："那你什么都不在乎，你还想要什么？"

姑娘反来问汉子,说:"将军说我不配跟您比,那您想要什么?"

　　汉子默了半晌,眸子里一寸寸点起火来,他只觉得胸膛里有股气越压越压不住,他"腾"地站了起来,他压低了声音,又斩钉截铁对那姑娘说:"我不要天塌下来让大人物顶着,我要自己来顶天立地!"

　　那姑娘的目光也一下亮了,眉目间的霜雪一下子消失不见了,在旁人错愕的目光里,她离座举杯,以一个名门闺秀的姿态为汉子敬了杯酒。

　　两旁的人就笑,说:"哟,老韩原来你好这口啊。"

　　汉子理都不理他们,复又握住姑娘的手,说:"你可愿跟我走?"

　　姑娘半点儿犹豫都没有,说:"走!"

　　风尘之中,自有性情之人,往往一眼就定生死,一言就定终身。

　　这会儿了,汉子才想起一茬,老脸有点儿红,讪讪地去问姑娘,说:"你叫什么名字?"

　　那姑娘也笑,说:"我叫梁红玉,将军呢?"

　　汉子吐出口气,咧嘴一笑,说:"你随便打听打听,我韩泼皮的刀法在三军之中,就没一个对手,这方腊也是老子擒的,被那狗……抢了功劳,不过没关系,以后我立下的功劳,没人有那个本事来抢。"

梁红玉一笑,说:"原来你就是韩世忠。"

韩世忠一挑眉,说:"你听过?"

梁红玉歪着头,又笑,说:"或许吧,总觉得耳熟,可能是梦里听过,也可能是前世见过。"

三十多岁的老韩,顿时老脸一红。

其实梁红玉想过,自己从风尘之中如果真能见到一个当世英雄,那就什么都不重要了,自己理论上应该当不了正妻,做妾就是自己这个出身的天花板了。

没想到多年以后,韩世忠在原配妻子去世之后,那会儿他也有了更大的军功,更高的身份,却还是不管家门外的冷言冷语,硬要把梁红玉迎为正妻。

梁红玉笑着说:"没必要,我又不在乎那个。"

韩世忠仰着头说:"管那些狗东西干嘛,老子一西军泼皮,几曾理会世间规矩?"

就这样,梁红玉还是成了韩世忠的正妻,梁氏。

当然,这已经是很久之后的事情了。

那年韩世忠随军班师回朝后,稍微休整了几个月,便马不停蹄去了北方。

宋金的海上之盟达成,要分食已经破败不堪的辽国,韩世忠生擒方腊的军功果然被几位大佬捞了回来,自然也成了北上的一员。

没想到宋军实在太烂,互相争功,进退失据,面对这样的辽国,童贯竟然还被人打得大败。

韩世忠位卑言轻,没资格参与那场大战,也挽救不了局势,只能在战场的一角。正带着五十人放哨,迎面就见到了两千辽人骑兵。

这怎么看都是要死的局面。

韩世忠的弟兄再相信自家老大,也忍不住动摇。

韩世忠不动。

越到这种生死一线的局面上,韩世忠越觉得清醒,仿佛四面八方都有一阵清凉之意透进他的身体里,他先是轻轻一抬手。

他说:"别跑,跑就是死。"

这句话瞬间拉回了五十个弟兄的理智,自家确实跑不过两千辽兵。

可不跑能怎么办呢?

韩世忠左右张望,他知道大宋别的没有,就是人多,所以童贯一场大败,战场附近就到处是败兵。

此处既然有两千辽骑,就一定是追逐败兵而来。

终于韩世忠见到了溃逃而来的败兵,他先叫人登上高坡,列阵张望,又亲自带人去收拢这些溃兵,把溃兵带到高坡之下。

溃兵们脸色灰败,韩世忠的弟兄偷偷问他说:"这几百号人,应该没再战的本事了。"

韩世忠面色不改,说:"没关系,有时候不提刀上阵,也能击破敌军。"

当两千辽骑在四处兜了一圈，断定宋军没有伏兵，高坡上的五十人显然是疑兵之计，便大摇大摆打出旗帜，冲了过来。

韩世忠望着不远处的烟尘与旗帜，眯了眯眼。

他留下几人督促这数百溃兵在河边击鼓呐喊，接着抽出刀来，叫上其他几个弟兄，迎着两千辽人冲了过去！

辽人不惊反喜，还想着这是哪里来的愣头青，几个人岂能冲阵？

长途追击，辽人的阵形也已经有些散了，可即便如此，凭你们几个人又能如何呢？

风从韩世忠的脸上刮过去，他什么都没想，什么都抛诸脑后，任凭辽人的箭挂在身上，刀枪的伤痕抹过胸前后背。

他眼前只有辽人那杆旗。

几个人，也能斩将夺旗！

宋国大溃的战场角落中，韩世忠提刀逆袭，于两千骑的缝隙里穿梭而过，刀光如列缺霹雳，径直砍断了辽军大旗，又带起一蓬一蓬的血。

当辽人大旗断了的时候，高坡上的韩世忠弟兄像是又回到西夏，他们高呼一声，齐刷刷冲了下来。

五十人竟又冲开一个缺口！

河边数百溃兵忍不住呐喊声更大了，击鼓声也更大了，两千辽骑越听越心惊，回头，那个魔神一样的大将还没死，还在马上，还能出刀！

辽兵大乱，两千人，就这么狼狈北窜了。

兄弟们喜不自胜，都在说自己活下来了，韩世忠却没笑，他说："还没活，我们得继续追。"

兄弟们一头雾水。

韩世忠提刀指着北方说："只有追，才能显得我们底气十足，他们才不敢回头，否则鬼知道老子能不能再斩一次旗！"

吐出口血沫，韩世忠迎风大喊："冲！"

就这样，韩世忠带着几百斩获回营，多少给他的上司涨了点儿面子。

那年辽国还是灭了，大宋不行不是还有金人嘛，只不过大宋显露的实力实在太差，而中原又太过富庶，很难让金人不动心。

遂有金人南下，铁蹄踏遍中原。

那两年间，韩世忠荡平过山东群匪，守住过开封，还在数万金兵围城，身边大将主张弃城的情况下，趁大雪漫天之际，猛地出城袭营，击退了金军。

终究敌不过浩荡大势。

靖康之耻，徽宗、钦宗被俘，韩世忠还带兵在河北游荡，他脑子向来灵光，知道真到了大势已去的时候，自己这点儿兵马根本掀不起波澜。

想翻盘，就一定要让朝廷站稳脚跟。

深吸口气，韩世忠做出了致使他后半生一路高升的最为重要的决定。

他带兵去了济州，护送康王赵构，一举击退攻打南京的金兵，使赵构顺利在南京登基。

《绍宋》里说，韩世忠是赵构的腰胆，说实话这是真的腰胆，可惜历史上的宋高宗实在太没胆气，也太没担当。

放着韩世忠在侧，老韩上疏请命迁都长安，收复两河，赵构却只想着一路南逃。

韩世忠能怎么办，只能扫清沿路的叛军，孤身单刀去往已经归降的叛军大营，劝他们放下武器，不要使内外相疑。

当初的西军泼皮，俨然已经有了一方主帅的影子。

只可惜奔波数月的韩世忠，仍旧是在孤军奋战，他扫荡群寇的过程中，也遇到过金军，他还想着用自己惯用的法子，夜袭大营，斩将夺旗，周遭大军压上，却发现撞上了铁板。

韩世忠连夜袭营，金军防备森严，他奋力夺旗，金军也并没有立刻散乱。

金军大将没有逃窜，甲胄都不全也敢站出来收拢兵马，与韩世忠再战。

韩世忠心底一沉，金军如此能拼能打，而他的友军却迟迟不至，他咬咬牙，凭一把刀突围出去，身后不知倒下了多少袍泽兄弟。

这是韩世忠第一次大败。

大宋的将领并不少，但很少有人真的全身心跟金人拼过，真的跟金人拼过,才能体会到那股子绝望感。

这会儿的女真人刚从穷山恶水走出来,无论是悍不畏死的野性还是苦战到底的韧劲都不缺,败给金人的宋将,往往在心底油然生出股无力感。

所以弃城而逃者多,所以敢言战者少。

所以主和的人纷纷劝赵构去往两湖,别再在淮扬待着了,淮扬离金人可太近了。

赵构虽然尿,但终究是有点儿脑子的,知道真去了两湖,大宋这半壁江山就悬了,于是把目光投向了在场为数不多的知兵之人。

于是众人纷纷去看韩世忠。

韩世忠新败,脑子还嗡嗡的,回想起来都是那一夜金人稳若金汤的营寨。

可回过头来,面对衮衮诸公,面对很久以前他以为天塌下来会有人顶的大人物,韩世忠咬咬牙,忽然咧嘴一笑,做出副泼皮无赖状。

他说:"官家,之前是某头两次遇到金人主力,没打好,下次臣一定给官家打回来!"

那位曾经想抢韩世忠生擒方腊之功的将军也在朝中,当即冷嘲热讽地说:"既然韩将军有对抗金人的自信,就留兵马让韩将军收淮扬,臣跟陛下去两湖,两全其美。"

韩世忠白了他一眼,说:"怎么着,按你的意思,是要把陛下身边这十万兵,分出一半?这十万兵马能打赢的金人,五万兵马可挡不住。"

逃亡派的人还想再说什么,赵构忽然打了个冷战,伸手打断了他们的讨论。

是啊,去什么地方不重要,自己身边有多少兵才重要,分兵,分你大爷的兵。

就这样,赵构才勉强留在了淮扬,结果几个奸臣在扬州一心求和,为了制造求和的空间,几次三番谎报军情,当金人都杀到面前了,才避无可避。

韩世忠等人仓促迎敌,自然还是败了。

遂有金人奇袭扬州,搜山检海,要抓赵构,完成赵宋皇家的三杀。

赵构别的本事没有,逃命的本事一流,韩世忠还在外面收拢溃兵呢,就听说赵构已经跑到钱塘去了。

那能怎么办呢,虽然这个天子够屁,但除此之外也没有一个所在可以整合各方力量了。

韩世忠叹了口气,奔向钱塘。

只是韩世忠没有想到,连年败仗,艰苦行军,赵构还宠信宦官,竟然还敢对禁军统领的要求置若罔闻。

终于,两个颇有野心的禁军统领反了,在杭州发动兵变,直接杀到宫里。

赵构面无人色,被逼退位,两个军官请出太皇太后垂帘听政,并推举一个三岁的孩子坐上龙椅,由她们两个主掌朝政。

消息传出来,各方将领有一个算一个,全都要扑过来勤王。

韩世忠离得最近。

两个军官当然也听过韩世忠的战绩,知道这是个惹不起的狠人,好在杭州城里扣押了韩世忠的妻子,想必韩世忠不敢轻举妄动。

这位妻子正是梁红玉。

梁红玉跟当时的宰相定计,一起去见两个军官,脸上冷冰冰的没什么好颜色,她说:"你们男人都是一样,心中只有功业,岂会顾及妻儿?真有勤王之功,换了你们,你想想你们会不动手吗?"

两个军官对视一眼,觉得贼有道理。

丞相也诚恳忽悠,说:"你们想想,韩世忠之所以离得最近,却迟迟不来,会不会是他跟两位一样有大志向,大抱负,也想做一做天下的主事之人?"

两个军官屏住呼吸,觉得这实在是太有道理了!

他们轻咳一声说:"那,他也得在我二人之后。"

梁红玉没忍住,嗤笑出口,她说:"凭你们二人的兵马、勇武、威信,如何对抗得了勤王大军,如今让我去联络我夫君,请他进城,大事才有机会。"

两人咬牙切齿,犹豫良久,最终还是对自己的本事有了些认知。

他们一跺脚,放梁红玉携子出城,去显示他们的诚意,去请韩世忠进城主事。

就这样,梁红玉带着儿子,怀揣太皇太后的懿旨,纵马出城,找韩世忠速速进兵破敌。

两个军官瞠目结舌。

当时情况已经很危急了,如果不能迅速破城,逼急了两个军官,真杀了赵构,几路军阀厮杀起来,江南百姓不知还要死伤多少。

韩世忠已到杭州城外。

禁军手里当然有很多好东西,神臂弩端平了一排又一排,韩世忠身先士卒,扬声大喝:"报国杀贼就在今日,身上不挂上几箭的,回头老子砍了他!"

这声喊完,韩世忠第一个冲了上去。

提着手中长戈,韩世忠大步流星冲向贼军,真就一个人包围了叛军一群,硬生生把神臂弩前方的步军大营冲出一个口子。

继而长戈一挥,宛如夕阳勾勒晚霞,韩世忠双目圆睁,瞋目大喝。

神臂弩都来不及射,就被韩世忠一戈晃花了禁军的眼。

这些养尊处优已久的禁军原本就战力不够,又是临时起意的叛军,战意也谈不上高昂,面对战神下凡一般的韩世忠,扭头就逃。

韩世忠一日破北关。

两个军官吓蒙了,知道韩世忠猛,不知道他猛到这种程度啊!

这还打个毛线,两人想着自己还有赵构的免死金牌,连夜去给赵构磕了几个头,带着两千人从杭州涌金门跑路了。

赵构这才算是真正得救,性命不再操之人手。

后面的故事就很简单了,免死金牌这种东西,发出去的时候就是准备要你命的。

韩世忠追亡逐北,很快消灭了正在劫掠肆虐的叛军主力。

经此一战,赵构怎么看韩世忠这个泼皮无赖都觉得他眉清目秀的,升他为少保,升他为节度使,韩世忠这个名字真的响彻宋廷之内。

当然,距离他名扬天下也不远了。

这一年冬,金兵继续南侵,是战是逃的争论又一次被提上议程。

这次韩世忠自居身份不同了,挺直了腰板,仰着个脑袋,底气十足,口气嚣张,他说:"国家已弃河北山东,再弃江淮,更有何地?"

遂定一战之策,命韩世忠驻守镇江。

然而这次金兵踢踏而下,韩世忠仍旧挡不住,他出城跟金人野战,自己领的本部倒是能跟金人对冲,可一年的工夫,他也练不出多少兵马。

试探一波之后,韩世忠也只能被打回城里,准备固守之际再行偷袭。

结果金人根本不跟他打。

金人长驱直入，玩的还是擒贼先擒王的那套，又跑去抓赵构了。

赵构对此很有经验，迅速逃往浙东，金人烧杀抢掠一番后，虽没抓到赵构，可反正他们想来就来，想走就走，他们总是不亏的。

当金人抢完了东西，美滋滋准备回家的时候，没想到还有人敢拦他们的归乡路。

三次败给金人的韩世忠，收到了身在浙东的赵构的旨意，赵构或许是怕了，要韩世忠去见他，去保护他。

韩世忠放下圣旨，抬头时目光如铁。

"都安排妥当了吗？"

"青龙镇的前军，江湾的中军，海口的后军都已准备妥当，只等金人入袋！"

韩世忠深吸口气，见外面红日高悬，枯木结霜，他复又落笔回赵构道："恕臣暂不从命，臣要留江上截金人归师，尽死一战。"

江上云来风又去，万里波涛淘尽英雄。

这处战场果然发挥了奇效，金人毫无防备，猝不及防被韩世忠领兵夹击，韩世忠一如既往冲锋在前，硬生生击退了北归的金军，逼降了一员金军将领。

金军主帅领兵前来，号称十万，韩世忠兵仅八千，败了一场也不至于伤筋动骨。

只是这位主帅没想到，自己要去一处高岗勘察敌情的时候，还会忽然冒出百来号人，山上水里都有，要不是主帅马上功夫确实好，险些阴沟翻船。

等回到金营，金军主帅才反应过来，这是对面的宋将预判了自己的预判。

这就有点儿意思了。

金军主帅问了问，得知了"韩世忠"这个名字，他笑了笑，颇有古春秋之风，写下战书约韩世忠江上决战。

韩世忠就喜欢这种摆明车马的对轰。

陆上野战打不过，这些年在江南到处跑，打水战岂能打不过你个狗鞑子？

几次交锋，韩世忠麾下的战船来去自如，在江中纵横自有法度，金人没怎么练过水军，但金军人多，靠着数量优势，就在硬冲硬打。

韩世忠看着金军的伤亡一日多过一日，攻势也一日比一日猛烈，他有时也忍不住自己登船出手，张弓搭箭，跳船出刀，击退金人的大舰。

可士气还是不可遏制的降低。

没想到埋伏了这么久，仍旧没能造成一战定乾坤的结果，还要跟金人打苦战。

韩世忠从江面上下来，就在营中鼓舞人心，嘴里脏话就没停过,说:"金人也他娘的是人,凭什么他们能打苦战,老子的兵就打不过?"

这些话,还有韩世忠与袍泽弟兄同甘共苦的饮食起居,真打起来的时候还是稍微欠缺了一点儿东西。

直到两军交战之际,宋军身后响起一阵阵鼓声。

韩世忠霍然回头,刚想破口大骂,你家主帅在前边冲杀,哪个不开眼的擂鼓助阵?

其实不止是韩世忠,那一刻回头的宋兵不计其数,于是人们就看到一身戎装的梁红玉紧抿双唇,青筋暴起,擂鼓的一下一下,敲在他们所有人胸口。

梁夫人在擂鼓,这些征战的儿郎恍惚起来,仿佛也有自家身后的妻儿也好,父母也罢,都在故乡与九泉里为他们擂鼓。

九天之上,隐隐有雷声涌动。

宋兵变得让金军主帅不太认识了,他们太顽强,也太敢战。

对冲了十九日,金军竟然讨不到半分便宜,始终冲不到江北。

金军主帅面色不变,心底已经有了退意,他又明白了金军的一个弱点,以后能避免水战,还是要避免。

除非有专业的人才来投。

这位主帅的想法很简单,既然跟韩世忠死磕损失太大,那就不死磕,我换条路一样能回。

没想到周遭的环境对远在幽燕的女真人还是太陌生了,金军主帅一头扎进了黄天荡才发现深处泥泞不堪，这个渡口废弃已久，是只能进不能出。

金军主帅忽地一惊，心说完了。

多年从军，说韩世忠斩将夺旗，一招鲜吃遍天固然不是假的，但要制造斩将夺旗的机会，已是越来越难。

这需要高超的眼力，精准的预判，能抓住所有一纵即逝的机会。

当金军主帅动兵绕路的时候，韩世忠就明白对方想逃，可对方能往哪儿逃呢？韩世忠在后面悄然追了几日，才发现这货走错路了！

他要去黄天荡！

韩世忠大喜过望，抱着梁红玉狠狠亲了几口。完全没干扰金军的行动，等他们进了黄天荡，才把战船"一"字排开，要把金军堵死在黄天荡里。

金军主帅当机立断，派使者去跟韩世忠和谈，要送还这次抢掠的所有财物，并私人送给韩世忠一匹名马，希望韩世忠让开道路。

韩世忠眉头一挑说："还？尔等在江南杀掉的百姓，能还得回来吗？"

于是又是连日交战，韩世忠好整以暇，搞出了铁索铁钩，派大船入江，也不求多做杀伤，反正看见金人的船，就抛出铁钩，使劲拉到大船上一撞。

咔嚓,金人的船又没了一条。

只要等金人的船没了一半,黄天荡里这群人就该等死了。

韩世忠露出笑意,回头跟梁红玉说:"其实这些人现在就是在等死了。"

次日交战的时候,金军主帅又站在船头,想对韩世忠说些什么,韩世忠长呼道:"把徽钦二帝还回来,把大宋的半壁江山还回来,你再跟老子说话!"

金军主帅沉默了一下,还想再说,发现韩世忠已经拉开了弓。

金军主帅目光一凝,迅速溜了。

这场大战,原本确实可以完美收场,只可惜金军主帅思路太过活泛,在当地散金重赏,求脱困之法,求对敌之策。

还真被他求到了。

脱困之法就是挖穿淤泥,金军主帅也确实挖穿了,正带兵逃出生天,可喜可贺呢,忽然发现对面还有一支宋军。

金军主帅笑了,心想在江里受过的气,就拿你来撒。

陆地上的野战,女真人还输过谁!

那天,金军主帅被打得怀疑人生,被打得若非缩回江里,恐怕就回不来了。

金军主帅怎么也想不通,明明是随便拿捏的宋人,怎么忽然出了这两个鬼东西?

这位被金军主帅迎头撞上的宋军主将,在历史上也稍微有那么点儿名气,名字普普通通,叫作岳飞。

金军主帅狠狠记住了这两个名字。

回到黄天荡之后,金军主帅只能用第二个法子,这也是当地的宋人献策,当地人深知韩世忠用的大船在无风之时不好驱使,就劝金军在无风时点燃小船,来一招火烧大江。

烧穿了这几艘大船,自然可以轻松离去。

春寒料峭的天气里,竟真的让金军等到了没风的那日,金军主帅无比振奋,依那宋人之计,火箭如雨,烧了韩世忠的大船,射杀韩世忠麾下二将,终于脱困而去。

黄天荡之役,便因此功亏一篑。

韩世忠在漫天的大火里不知骂了多少声娘,这么巍峨的一个汉子,双目通红,还噙着几滴热泪。

梁红玉身上也熏得乌黑,她手里也提着弩箭,悄然为韩世忠擦去了泪水。

接着她握了握韩世忠的手,韩世忠又骂了一声,随梁红玉转过身,开始收拢败兵,开始收拾残局。

其实功亏一篑的黄天荡之战,在当时仍旧算得上一次大胜。

金人再不是想来就来,想走就走了,韩世忠以八千人阻截围困数万金军四十八天,让天下人都明白了一件事。

金人并非不可战胜。

黄天荡一战,韩世忠名扬天下,也足以激荡天下人心。

而黄天荡一战的仇，韩世忠很快也为自己报了。

五年之后，韩世忠驻兵镇江，金军又一次来攻，朝廷又轻车熟路地派来使者，说："你别乱动，朝廷已经有决断了，咱们谈，和谈好吧？"

韩世忠笑呵呵地说："成啊，和谈呗，我避敌远走，只固守长江行不行？"

使臣点了点头说："韩公果然老成谋国。"

瞅着使者走了，韩世忠才呸出口痰，说："老成谋国个屁，走走走，这次不把金狗打出狗脑子，我韩泼皮就跟他姓！"

这一次，韩世忠充分吸取了黄天荡战败的教训，你金人不是喜欢听汉奸的建议吗，巧了，我能让汉奸给你传些假情报。

赵构派出的使臣，当然把韩世忠的动向告诉了金人，展现自己"以诚待敌"的求和姿态。

金人很开心，金人大摇大摆，金人踏入了埋伏圈。

韩世忠这次直接设下了二十道埋伏，前后呼应，把金军逼到沼泽地中，砍瓜切菜一般杀尽了金军前锋，是两国交战以来难得的酣畅淋漓的大胜。

韩世忠长出口气，可算是舒服了。

因为前锋被灭，主力又被韩世忠挡住，金军担忧后方粮道不济，只好退兵。

至于去了金营的大宋使者，韩世忠才不管他是死是活，反正韩泼皮的人设就是这样，犯点儿错反而更能让官家安心。

之后的几次征战里，韩世忠几十岁的人了，仿佛就从没老过。

冲锋陷阵，被人围了，他挥出长戈，跃出敌阵的身影夭矫如龙，完事杀出一条血路后，竟然还毫发无伤。

跟金人打攻城战，久攻不克，金人的援军到了，要反杀韩世忠。

韩世忠向友军求援，友军看韩世忠可能要凉，自忖不敌，竟然连救都不去救。

秋风萧瑟，将军白发，麾下儿郎都忍不住担忧，想将军南征北战，英雄一世，就要以这般结局死去了吗？

韩世忠没死。

这人甚至一点儿英雄白发的意思都没有，三军沉默中打马向前，独立沙场之中。

接着韩世忠咧嘴一笑，大喝道："锦衣骢马立于阵前者，韩世忠也！"

身后的儿郎阵阵惊呼："韩相公危险！"

韩世忠大手一挥说："不如此，怎能退敌？"

就是要以身犯险，就是要引对方的大将领兵来拿他的人头，韩世忠才能反向斩将夺旗，把冲过来的两名大将斩于马下。

金军退入城中，韩世忠领兵断后，长戈压阵，让三军带着自愿归国的上万百姓徐徐班师。

只可惜南宋之初的那对君臣，别的不会，最擅辜负英雄。

当岳飞被十二道金牌召回，十年北伐之功毁于一旦时，韩世忠因为有救驾之功，没遭到岳飞那种更为强硬的待遇。

赵构把他升为枢密使，然后解了他的兵权。

这年韩世忠五十一岁，他真的当了三公，从一个泼皮到了当朝宰相。

但他一点儿都不想当这个枢密使，当了枢密使也只能眼睁睁看着岳飞被冤杀，当了枢密使就牵一发而动全身，当了枢密使，他一旦跳出来，自己的门生故旧，自己的妻儿老小，纵然不会跟岳飞父子一样身死，但身陷囹圄也是免不了的。

风波亭上的枭鸟掠过，韩世忠顶起过天地，才发现原来天塌地陷好撑，背后的阴诡手段难防。

韩世忠累了，三番五次，请辞归隐。

赵构与秦桧自然也顺水推舟，答应了他告老。

走出宫城，韩世忠四顾茫茫，他告老之后也终不能还乡了，他的家乡还在北方，在他原本有机会，却再也去不到的北方。

梁红玉牵紧了他的手，韩世忠低头，冲老妻勉力一笑。

这一瞬，韩世忠明白自己再也不能以一敌众，再也不能所向披靡了。

原来死尽英雄志，才会老去少年心。

人生最后的十年，韩世忠就与梁红玉住在西湖边，闭门谢客，闲来泛舟饮酒，韩世忠还读了道藏佛经，自号清凉居士。

梁红玉教他诗词已教了许多年，早年韩世忠征战南北，向来写不好。

这十年里，韩世忠像是忽然开了窍。

　　人有几何般。富贵荣华总是闲。自古英雄都如梦，为
官。宝玉妻男宿业缠。
　　年迈已衰残。鬓发苍浪骨髓干。不道山林有好处，贪
欢。只恐痴迷误了贤。

绍兴二十一年秋，六十三岁的韩世忠病逝临安。

从前有个书生,同龄人都金榜题名,平步青云的时候,他始终在家里读书。

很多人都说他笨,但这种笨不是说他脑子不好使,书生七岁的时候就能写一手好文章,平日里在乡间办事也算灵活,说他笨,更多是说他把一些事情当了真。

人一较真儿,就显得笨了。

这年头大宋刚刚南渡,朝廷新立,正是用人时节,为母守丧两年也就够了,书生守丧完竟然还不出仕,还要留在家中。

别人问起来,书生就指着家里,说:"母亲已故,父亲疾病缠身,我如何能一走了之?"

人们哑口无言,却又纷纷来劝,仿佛劝不动这个书生,自己的许多举动便平白没了意义,显得卑劣起来。

这些理由当然是很多的,人们说靖康之后,家国飘摇,你为国尽忠才是为父尽孝,又或者说这会儿你爹也不想看你待在他身边,你走了他可能会更开心。

书生只是摇头说:"我知道哪里更需要我,我娘已经死了,不能再对我爹不孝。"

人们当然只能说他孝义,回头齐刷刷都说他蠢。

无药可救的蠢。

就这样,三年母忧,七年不调,蹉跎十余年之后,书生一直等到父亲安然离世,他才走出故里,步入这半壁江山。

然而书生金榜题名之后,正赶上秦桧专权,秦桧除了是个狗汉奸外还是个地域黑,对蜀人向来看不惯。

书生就是蜀人。

于是又是一番蹉跎,当秦桧死了,书生真有机会说话,才发现原来这朝堂上还是听不到他的声音。

其实朝堂上又岂止听不到书生的声音呢,北边传来消息,说金主一直在备战,朝廷就是听不见,新任宰相还一再裁撤边防。

书生上疏说:"金人必然撕毁盟约,大举进攻,有五条进攻路线,不得不防。"

上疏如石沉大海。

这会儿书生才明白一件他早该明白的事——原来秦桧并不完全是这半壁江山的主人。

龙椅上的赵构还没死呢。

书生忍不住叹息,人在京城的时候就跟他的朋友聊,说:

"最近北边的金人换主人了,你知道吗?"

朋友说:"有所耳闻,不是完颜亮吗?"

书生点点头说:"正是此人。"

这位完颜亮吧,特别中二,特别放荡,但还很有些才华。

某次跟人聊起来,说自己的平生志向,"吾有三志,国家大事,皆我所出,一也;帅师伐远,执其君长而问罪于前,二也;无论亲疏,尽得天下绝色而妻之,三也。"

那会儿他还没当皇帝呢,就这么张狂,也有金朝官员说:"您是想要即位?那其他几位王爷呢?"

完颜亮就摆摆手说:"那些人都不行,即位这种事,舍我其谁呢?"

后来,完颜亮直接起兵夺位,真的当上了皇帝。

执政之后,改革法制,民族南迁,推行新币,一时间局势激荡。

完颜亮这个皇帝没人敢明面上不服,他又有后宫佳丽,那他就只剩下一个志向没有完成。

"提兵百万西湖上,立马吴山第一峰。"

书生对着朋友拍案说:"这就是金主写的诗,他迟早会南下发兵,实现他一统天下的大梦。"

朋友呸了口痰说:"必叫他有来无回!"

书生却忽然沉默下来。

月明星稀,三杯两盏淡酒,晚来风疾。

朋友瞅着书生,振奋起来的情绪面对书生的沉默,渐渐也跟夜色一般凉下来,他喝了口酒,复又平静道:"无论朝局如何艰难,无论金人如何势大,有些事总要有人来拼。"

书生望天,悠悠道:"天下事,且看何人收拾。"

朋友又大笑起来,朋友比书生更激昂些,年轻的时候就带着太学生一起打过仗,他说:"焉知来日不是你我收拾天下?"

书生笑着摇头说:"我不行,我已经老了。"

然而书生嘴上这么说说,真到了要出使金国,朝中无人愿去的时候,他还是站了出来。

我去出使金国,我去探北地虚实。

这一路走去,完颜亮大肆备战,聚集粮草,练兵造船几乎都不背着书生。金国这边陪同书生的大臣笑着给他指点,说大金兵强马壮,说大金大势已成,你是个有胆魄的,如果再多懂些良臣择木而栖的道理就更好了。

书生没回答他,只是在金人的目光里拿起了弓箭。

金人似笑非笑说:"您这是干什么?"

书生随意一抬手,弓如霹雳弦惊,箭如流星飒沓,一箭正中靶心!

金人的表情不由得有些呆滞。

书生此时才回过头去,淡淡笑道:"像我这样的,大宋何止数万,我想你们的大势恐怕成不了了。"

或许是这一箭的威名,使完颜亮也对书生有几分兴趣,多见了他几次，书生临走的时候他还笑着跟书生相约，说要一起洛阳赏花。

书生知道，完颜亮南征之日不远了。

然则书生回国，把这一切上报朝廷，朝廷仍旧没什么动作，主和、主守、主战、主降的还在拉扯。

拉扯了几个月，没拉扯出个主意与布署，完颜亮就此动兵了。

完颜亮四路大军，所向披靡，这时候岳飞早死了，能征惯战的将军都来回调动，兵不知将，将不知兵，大宋兵马被完颜亮揍得贼惨。

其实惨也就罢了，有坚城有大江，总是能守的，但架不住有人畏战不前，还弃城而逃。

这就使完颜亮一路攻下扬州，兵逼长江，过了长江就要灭宋一统。

前线一次次的噩耗传来，那早年间砍了岳飞的宋高宗"完颜"构同学自然又想到一个绝妙的主意。

赵构说："不如大家收拾收拾行李，散了吧，朕自去海上避祸。"

这会儿书生已经不在朝中了，他正肩负着一项特别简单的任务，踏上一趟看起来平平无奇的旅程，丝毫不知道京城已经快炸了。

要不是他那位朋友发了狠，烧了赵构的诏书，跑到宫里去质问赵构说:"陛下能跑到哪儿去?真到了百官散尽的时候,陛下就是孤家寡人,金贼要抓大宋皇帝,须倾国之力,抓一海上漂蓬不过三五小舟罢了。"

赵构估计真敢跑。

当然,那也正是因为京城里没人能想到,书生这趟平平无奇的旅程,能干出惊天动地的大事业。

书生是去前线犒军的。

这种活儿都是粮草送到,你一个督送官走人就是了,即使你来犒军的时候正赶上对面的完颜亮大兵压境,你该走也是要走的。

不走你一个书生能干嘛呢?

只是书生没法走。

来到前线的时候,书生一路上看到宋兵三五星散,解鞍弃甲坐在路边,他忍不住下马去问:"几位什么情况?"

那些宋兵有的叹气说:"还能什么情况,打不过呗。"

也有的在骂:"放屁,就是他娘的没人敢打,王权那狗官先弃庐州,又逃采石,下边各自为战,逃的逃,守的守,战的战,能打得过才有鬼了。"

更多的宋兵一脸灰败,只默默吃着饼子喝着水,连话都不愿说了。

书生这便了然了。

那位弃城逃命的将军,朝廷已把他召回问罪,但接替他统兵的将军还没来,这狗东西就匆匆离去。

俨然是提前跑了。

前后无人交接,败兵茫然无措,大军压境,人心离散。

恰是寒冬时节,一阵霜风呼啸,这苍凉的风掠过书生双鬓,惊起大江涛涛,他向后望了一眼来时路,心想:读书至此,义岂顾身?

那天书生站了出来,他在败军之中纵马呼号,说:"如今大江横陈,尚有一战之力,待金兵过河之后,你的生死,你妻儿老小的生死,纵以江南之大,又有何处能逃?"

招呼完败兵,激起三分士气后,书生迅速召集诸将。

犒军的金帛就在书生身后,他目光灼灼,燃着熊熊烈火,他说:"诸君!金帛封赏皆在此地,敢随我立不世之功吗?"

望着书生目光里的火,这些中层甚至底层的将官忍不住也跟着震动,有性子急的直接大叫起来,说:"今既有主,愿死战到底!"

书生咧嘴一笑,说:"好,明日且看诸君手段!"

这番操作下来,那些跟着书生一起来犒军的人心惊肉跳,其中有人便觉得书生蠢,他悄然来到书生身后说:"你是奉命来犒军的,如今你忽然要督战,真有人问责,你怎么交代?"

这让书生想起很多很多年前,那些问他为什么要留在家里不出仕的人。

书生也不是不知道,这些人始终觉得自己有些蠢。

可没办法,书生反问对方说:"你觉得今时今日,我能如何呢?"

那人说:"贼兵势大,自然该暂避一二,江东子弟多才俊,卷土重来未可知。"

书生沉默了片刻,忽然回头,眸中的寒光令那人不禁退后了几步。

书生盯着那人,一字字道:"危及社稷,吾将安避?"

太多文人在写"卷土重来未可知",所以写"至今思项羽"的李清照才尤为可贵,太多君子不立危墙之下的聪明人,虽九死其犹未悔的蠢书生才越发炽热。

炽热的光,自足以成为撑起这片天地的脊梁。

绍兴三十一年冬,名为虞允文的书生犒师采石矶,临危督战,集结沿江各处无主兵马,总计一万八千余人,决战十五万金兵。

虞允文分兵五路,三路迎敌,金人大举渡江之际激励悍将,将军挥双刀领兵冲杀,挡住了金人渡江势头,两军鏖战一日,暮云四合,中流宋军驾船撞敌,江面上翻沉之船,喊杀之声声震云霄。

虞允文坐在军中,目中尽是血丝,就在残阳将尽之时,他忽然心有所察,猛地起身望向远处。

远处有斥候匆匆而来,放声疾呼:"光州,光州方向有溃军将至,如何处置?"

溃军，这显然已被完颜亮另外的一路兵马打败，此时如果让这伙溃兵参战，恐怕会起到反效果，真输了一个点，就是一场大败。

可今日之战难分胜负，真这么耗下去，自己这一万八千人必然不禁耗。

虞允文心思电转，战场上稍纵即逝的机会被他抓住，大声令人把旗鼓分发给光州溃兵，叫他们自后山转出当疑兵用！

果然，当这伙溃兵大张旗鼓杀出来时，僵持许久的江面之战终于分出胜负。

金兵先退了。

这种时候谁先退就别想全身而退了，宋兵衔尾追射，大败金兵。三军正兴奋着，虞允文又料定以金主完颜亮的嚣张性情，必不服输，明日一早还会来战。

于是连夜设下埋伏，次日清晨夹击金兵，大火焚江，烧了金人三百舟船，烧断了完颜亮一举渡江的大梦。

烧得完颜亮心头怒火无处安放，把那位教唆他南下渡江的梁汉臣拉出来，一刀砍了。

梁汉臣至死也不明白，大家都是汉臣，我太清楚大宋的官员都是些什么人了，从哪儿冒出来这样一个书生呢？

虞允文就这样横空出世，在前线奔波督战，死死堵住完颜亮南下的道路，联络四方兵马，与完颜亮对峙在长江之上。

直到完颜亮逼迫属下太过急切，加上此前几番大败，令部下对这个篡位的皇帝起了别的心思。

趁夜,金营发动兵变,竟杀完颜亮而退。

一代嚣张跋扈之主,就这样死在了自家军中。

义不顾身,于千钧一发之际书生领兵,大败金军的虞允文自此名动天下。

这就是采石矶大捷。

跟岳飞同辈的名将刘锜对书生连连喟叹,说:"朝廷养兵三十载,一技不能施,而大功乃出一儒生之手,我辈愧死矣!"

回京之后,虞允文跟他那位朋友陈康伯又一同举起了杯,他们尚抱着希望,决心重整乾坤。

陈康伯在朝主持大局,虞允文回蜀中家乡趁金人内乱之际收复失地,这一切看起来是如此欣欣向荣,虞允文跟蜀中名将兵锋所向,连战连捷,还真有那么点儿出蜀北伐中原的意思。

只可惜一朝改朝换代,宋孝宗上位,上位之初还不敢有大动作的他很快被投降派裹挟。

这些唯恐自己地位有变的聪明人对虞允文、陈康伯等人发起攻击,要蜀地兵马放弃收复的失地,退回蜀中,不能再跟金人拉扯,否则就是徒耗钱粮,加重朝廷负担。

虞允文写信请陈康伯分说,陈康伯能怎么说,这时候一说就成了党争,一陷入党争,两人就都没了。

没辙,虞允文只能从关中退回来,收复的三路失地,再次被金人夺回。

当孝宗稳定了局势,压下了一些主和派的执政者,请虞允文回朝,虞允文竭力反对弃地之说,给孝宗厘清局势,终于使得孝宗一拍案,下定了决心北伐。

只可惜决心是好的,就是这个决心太快了。

宋孝宗也太年轻,太急功近利,这次起用的将领仍旧没有整顿好兵马,出兵的统领互相勾心斗角,赢了几仗开始自负冒进,终于功亏一篑。

于是朝廷里的主和派又跳了出来。

这群人要把采石矶大捷后收复的几州再割回去,虞允文辞不奉诏,这群人就说虞允文大言误国,以求美名。

虞允文挂冠归去,孝宗不允。

就这样拉扯着,金人再起战事,孝宗才又一次醒悟,原来当孙子救不了大宋朝。

遂起用虞允文为相,打目前是打不了,但怎么也不能让金人蹬鼻子上脸吧。

那这种时候虞允文能怎么办呢,他之前那么激烈地辞不奉诏,要挂冠归去所坚持的不割地,但最后也还是被割了,可他还是只能回朝拜相。

虞允文又想起抵达采石矶的那个下午。

还是那句话,危及社稷,吾将安避。

无论是刀光剑影,还是朝堂上的阴谋诡计,危及社稷,我都避无可避。

我当仁不让，天下舍我其谁？

那些年，虞允文出将入相，孝宗还跟他相约，要一雪前耻，请他在蜀中练兵，只要蜀中敢进兵，朝廷就一定北伐中原。

只是虞允文刚刚镇蜀一年，孝宗就迫不及待来问他："怎么还不出兵啊？"

虞允文想起上次急功近利的下场，那么多具枯骨，他又岂敢随随便便出兵？

虞允文叹了口气，皇上是个不靠谱的，那就只能由自己多做一些，多在蜀中方向打开局面，于是他练兵、治民、招抚贼寇、举荐贤才，日以继夜，鬓间白发丛生。

这让人不禁想起几百年前，也曾因北伐中原，鞠躬尽瘁在蜀地的那位丞相。

然而虞允文终究没有诸葛丞相的才情，也没有诸葛亮得遇明主的运气，他只能强撑着自己的脊梁，去完成或许看不到曙光的伟业。

淳熙元年六月十八，虞允文迎来了跟诸葛亮一般无二的结局。

六十五岁的虞允文积劳成疾，出师未捷身先死，病逝蜀中，孝宗为之罢朝，追赠太傅。

三年之后，孝宗阅军，发现军中面目一新，多青壮之人，其勃勃生机，真放到北伐中原的大业之中，当能点起一场大火。

这正是虞允文裁汰之法的成效。

只可惜三年太久,孝宗没等到,虞允文也没看到。

而终孝宗一朝,这些火苗还是渐渐褪去了,那些北伐中原的梦话,也再没真正醒在江南的富贵乡里。

从前南北对峙那会儿，有个硬气的书生。

当年书生凭学问当了太学辅导员，日常工作也就是教书育人为主，查查宿舍为辅。

奈何世道不太平，附近有盗匪作乱，战火波及他所在的县城。

学生们瑟瑟发抖，问书生："老师老师，官兵什么时候来呀？"

书生正在磨刀，闻言一蒙说："你等官兵干什么？"

学生眨眨眼，茫然说："有盗匪啊，老师你没报官吗？"

书生磨好刀，抬头朝学生一笑说："没事，为师去去便回，等官兵过来，咱们这早被盗匪洗劫一空了。"

于是书生带着乡勇门人，提刀就杀了出去，史载：逆击之，俘其渠魁。

那年，书生二十四岁。

后来书生入朝为官，恰逢北方敌军蠢蠢欲动，随时可能大兵犯境。

那会儿北方是金国完颜亮秉政。

有个使者，曾经出使北方，他说："完颜亮猖狂，曾经作诗'提兵百万西湖上，立马吴山第一峰'，发兵是迟早的事。"

书生听了就来气，说："这厮这么猖狂，让我碰见一定给他个教训！"

使者淡淡地笑说："没事，我已经给他教训了。"

书生说："咦？"

使者说："前段时间我出使北方，看他们正在练箭，我一箭正中靶心，告诉他们我大宋有的是人。"

书生哈哈大笑，说："好，好！"

那年月，正是生死存亡的时刻，书生与使者虽在大笑，目光之中仍旧有藏不住的忧虑。

终于，金兵开始发难了，大军逼境，还派人前来，说要么割地，要么砍你。

朝廷无语了。等会儿，容我想想。

书生一头雾水。

书生说："这都什么时候了，还想？！今日不问和与守，只问战当如何！"

然而没人理他，朝中一片乱象。

有人暗中阻止前线出兵，有人劝宋高宗逃往四川，本该与金人交涉的官员不敢出行，而当时的右丞相一言不发。

书生怒了，找到宋高宗说："今日之事有进无退，从中原退到苏杭，再从苏杭退到蜀中，大宋江山，还有几寸可退？"

遂定决战之策。

那些天里，朝中官员都忙着把家眷送出去，只有书生把家眷接进城里。

并且天天在家散衣喝酒，面见高宗，都带三分醉意，说："不就是金兵吗，还能有打不过的？"

人心稍定。

奈何还真打不过，书生与他那个使者朋友，曾经定下如何用兵。

但前线的将军贪生怕死，不怕死的将军又恰好病重，部下们纷纷逃窜。

一时间，完颜亮长驱直入，像极了要吞并东南。

使者向书生辞行说："朝中大事，就交给你了，我要去前线犒军，如有意外，不过一死报国而已。"

书生眸中有泪说："好，我等你回来，一同庆功！"

前线的败绩一次次传来，书生就是再淡定，也压不住宋高宗的心。

高宗发下诏书说："如果敌军还不退，百官就都散了吧，朕去海上避难。"

书生气得发抖，径直将诏书烧毁，入宫去问宋高宗，说："百官散尽，谁最势单力薄，是你啊！"

高宗心惊胆战，问："那究竟该怎么办？"

书生深吸口气，让宋高宗摆出姿态，说："要御驾亲征。"

高宗十分震惊。

书生劝他："摆个姿态！"

终于，人心大定，前方将士开始卖命。

不过这种卖命，仍旧敌不过完颜亮的大军，如果没有奇迹发生，大宋很可能毁于一旦。

奇迹发生了。

奇迹发生在使者身上。

使者来到采石矶犒军，因为将领轮换，采石矶群龙无首，恰逢完颜亮大军杀到。

使者挺身而出说："危及社稷，吾将安避，我来领军，诸位随我迎敌！"

遂以一万八千人马，大败几十万金军。

完颜亮恍惚间，看对岸白袍临江的身影，仿佛看到了曾经的那抹箭光。

使者叫作虞允文，采石矶大捷，完颜亮被厌战的部下所杀，金军退却，南北之势稳固。

书生在朝中满是不可置信，仰天大笑，老泪纵横。

几年后，宋孝宗主政，支持北伐，书生与将军张浚几场小胜，却大败在符离。

那年书生已经六十六岁了，一声长叹，引咎辞职。

此后的几年间，奸相在朝，畏敌如虎，还答应金人的要求，割让采石矶大捷后，所收复的四州失地。

诏书发下，虞允文辞不封诏。

于是诏书连发，命虞允文回朝，任他户部尚书，不再插手边事。

而那个曾经在书生支持下，参与北伐的将军张浚，同年与世长辞。

临终，张浚说："吾尝相国，不能恢复中原，雪祖宗之耻，即死，不当葬我先人墓左，葬我衡山下足矣。"

病老家中的书生听到这个消息，连声咳嗽，像是要把灵魂都咳出来。

那年，和谈正在进行，金军却突然趁和谈的工夫，大军压境，要再起刀兵。

当初，虞允文大捷之后，有个叫魏胜的将军，收复了四州失地。如今和谈割地，金兵趁机来袭，抵挡金军的，仍是魏胜。

魏胜一边抵挡金军突袭，一边派人求援。

而友军只想着和谈仍在进行，岂会有什么战事，即使真有战事，和谈完毕，参战者又能有什么好处？

魏胜孤立无援，死战不退，中箭而亡。

至此，书生与虞允文所争取之功业，烟消云散。

朝廷得知金兵动向，这才慌张起来，明白和谈不过是儿戏，要重新起用书生。

书生六十八岁，艰难苦恨繁霜鬓，有人劝他说，"不如不去了吧。"

书生摇摇头说："吾大臣也，今国家危，带病也该驾车而回，快些走吧。"

那年，书生领政，又是一副玩命的架势，书生余威犹在，金军遂退。

书生叫作陈康伯，字长卿，谥"文正"。

几个月后，书生病重，散朝时突然喘息加速，百官百姓，家人朋友，都大惊失色，要送他回家就医。

可惜未进家门，书生的白发便垂落下来，病发去世了。

所谓物是人非，时过境迁，有些事过去了就是过去了，再也等不回来。

翻书的时候，看到一位南宋名将毕再遇。

他的父亲曾经跟随岳飞作战，他出身将门，从小就武功卓绝，弓马娴熟。

有匹神骏的黑马，无人能御，只有他能驱使。

那年北伐，宋军全线溃败，只有他轻抚着胯下黑马，朗然一笑，以数百骑兵硬抗金军，焚城断后，独当一面。

此后毕再遇的名字，响彻在北方边境。

那年他在北方守城，派人把主将的青盖推在城头招摇，引金兵射了二十万支箭，半夜通通拔下来成了自己的。

城池久攻不下，金人也就撤了。

名将嘛，都有一个作风，不可能让敌人想来就来，想走就走。

但毕再遇的兵马还是不够强，正面追杀没什么效果,他正苦思冥想的时候,发现自己家的大黑马还在低头吃豆子。

毕再遇一怔,继而哈哈大笑,想出了对策。

大黑马翻个白眼,看智障一样看着自己主人。

那天毕再遇仗着大黑马快,飞奔去金兵后方,撒下遍地的豆子。

大黑马一头雾水。

大黑马低头就想吃,毕再遇拍着它的脑袋,说:"回去给你更好的,走啦走啦。"

大黑马无语了。

那天毕再遇喂饱了所有骑兵的马,终于探得金兵开始撤退,长笑一声,开城追击。

追到撒豆之处,金兵的马开始疯狂吃豆。

遂大败而退,无力反攻。

那些年毕再遇征战沙场,常常能见到黑马玄甲横行无阻,金人见到他的旗帜,心里就不由得一惊,大黑马仰天长嘶,痛快得很。

或许某个夜里对酒当歌,毕再遇还摸着黑马的毛发,说:"北定中原之日,我就放马归田,牵着你四处招摇。"

黑马也喝酒,摇头晃脑地叫。

只可惜自古英雄如美人,不许人间见白头。

北伐没有太好的结果,南宋很快又与金人签订合约,老将躺在病榻上，北望中原，在长叹不止里与世长辞。

那天黑马悲痛莫名，顿足长鸣，十几个家丁才控制住它，把它关进了笼子里。

毕再遇的葬礼结束，空荡荡的府邸只剩下柴米油盐，黑马卧槽，呆呆地望着天空。

它的主人已经死了，它却似乎还在等着，等一声长笑，毕再遇拍着它的脑袋说："走，再去千里之外驰骋杀敌。"

可惜它注定等不到了。

那年岳飞祠里迎神，有金鼓助兴，久卧槽中的黑马猛地站起来，恍惚间以为又回到沙场，他的主人就在前方，还等他去救。

黑马嘶鸣，不知哪儿来的力量，破笼而出，横行出府，踢踏来到长街上。

街上人来人往，熙熙攘攘，唯独没有曾经沙场的气味，也没有半点儿主人的身影。

府里追出十几个人，用力拉住茫然的黑马说："将军已经死了，你不要再生事端，连累我家！"

马耸耳听罢，默然长哭，涕泪汪洋，陡然嘶哑着嗓子，向天几声长啸。

余音还未绝，它便倒毙在故人门前，辞世在远处的金鼓铁马声里。

那些年离开你的人，离开你的往事，我们永远都追不回，永远都等不到了。

第三部分

道男儿到死心如铁：念念不忘空回响

【过河、过河、过河】

这个故事有点儿长：从前有个老爷子，年轻的时候读万卷书，行万里路，十年的工夫周游天下，三十三岁，才进京赶考。

老爷子学富五车，轻松走到了殿试。那会儿老爷子还气盛，挥笔洋洋洒洒，写的基本是官场贪墨无度，朝廷奸佞横行，可怜我大宋百姓，时时处于水火之中。

主考官倒吸一口凉气："霸气外露，找死！"

遂把老爷子外派下乡，干点儿小县城工作。

后来因为干得太好，又被调去巡视御河工程。刚刚接到调令时，恰逢老爷子中年丧子。

送信的小吏坐立不安，觉得自己无比尴尬。

老爷子抹了把泪，看外边天寒地冻，颤声说："走吧，我这就上任。"

那年寒冬飘雪，无数修河工人冻死在御河旁边，京城里的高官仍在春意融融的家里开酒会。

老爷子顶着宫里派来的都督，挥笔写下奏折，硬要来年开春才继续修河。

老爷子说:"河修不成,本官愿承担一切责任。"

自然,老爷子不仅有仁心,还有手腕,这条御河最终成功修好,老爷子也小小的升了官。

当知县,当通判,来办学校,打击权贵。

就这么着,老爷子六十岁了。那年宋朝与女真人的海上之盟达成,要两路夹攻契丹。

老爷子叹了口气说:"天下从此多事矣。"

他已经六十岁了,这辈子为官一任,造福一方,觉得自己也没什么遗憾。

他退隐东阳,结庐山谷,准备著书立说了此残生。

奈何天下不太平,转眼,就到了靖康元年。

拉来同盟的女真人看破了大宋的虚实,那边的花花世界,那边的不堪一击,都让女真人壮起了胆子,要长驱南下,立马吴山。

大宋朝廷慌极了,到处找人议和,却找不出合适的人选。

于是六十六岁的老爷子出山,去出使金国。

老爷子说:"这次去,我就不打算活着回来了。"

朋友吓了一跳说:"不过和谈而已,不至于吧?"

老爷子说:"敌能悔过退兵固然很好,倘若他们执意南下,老朽也不能摧眉折腰,辱没国体。让他们也看看南朝人物。"

朋友叫了声好,这声好渐渐传开来,朝廷竟然又不让老爷子去议和了。

因为怕老爷子太刚烈,不肯给金人当孙子,那议和还怎么谈呢?

老爷子望着垂暮的帝国,心中不知是愤慨还是悲凉沉痛。

议和的任务虽然没了,边关仍旧需要人才,理应出任补缺的官员都不敢去,朝廷里党派纷争,一时半会儿更无结果。

老爷子抖了抖衣服,叹息说:"食禄而避难,不可。"

遂骑一匹老马,带十几老弱,去往前线赴任。修缮城墙,稳定民心,这种工作老爷子做了几十年,手到擒来。

但老爷子还没完,老爷子看了河北地图许久,脑海中周游天下的记忆都复苏起来。

他当机立断,申请朝廷分别屯兵在河北五地,金兵进攻一郡,便有四郡响应,十万人马浩荡,谁来都守得住。

朝廷大喜过望,心想这是捡到宝了,还有傻子到了边关竟然不是去应付,是去正经干事的。

遂任命老爷子为河北义兵总管。

这个时候,金兵已经势如破竹,破太原,下真定,长驱直入,无人能挡。

金兵路过老爷子守的小城,没当回事,随便派了几千人过来攻城。被老爷子一波打成狗,不仅守住了城,还趁机开了城门,追杀斩敌,扬眉吐气。

于是老爷子成了天下兵马副元帅。

老爷子望着天,心想金人没有那么强,到底为什么会败成

159

这样？

很快他就知道了，金人兵临京城，他在军情会议里指出，可以断金人归路，京城之围压力必小。到时候再赶往京城，或可破敌。

其他人面面相觑，都说："算了吧，我们守守就行了，你一把年纪了，怎么这么不稳重，还想主动出击？"

老爷子沉默半晌，突然重重一拍桌案，他什么都没说，转身大步离开营帐。

他带着自己的儿郎去了，独自领兵阻击金兵，遭遇战里大破金人。金兵留兵屯守，被老爷子看出防御松懈，连夜再袭金营。

连破三十余寨。

老爷子从边关一路杀回京城，他不是没有向赵构提过建议，说："不能听信金人和议，那是把我们当傻子啊，请王爷把所有兵马调至澶渊，进军京城，可一战破敌。"

赵构和他身边的人说着好好好，让老爷子先去前线当第一个救人的将军。

于是老爷子孤军深入，与金人十三战皆胜，但他写信请各路兵马会合，却没人理睬，只以为老爷子赢了几仗便狂傲了。

六十八岁的老人继续孤军深入，这次连他的部下都有点儿慌了，没有援军，谁敢继续打下去？

老爷子突然发怒，他说："来人哪，阵前动摇军心，把这厮拉下去斩了！"

部下纷纷求情，老爷子双目含泪，他说："儿郎们，我们会赢的，大宋两百年基业就在我们手里了。"

那天，老爷子率军拼命，还预判了金兵走位，分兵作战，四胜金人。

再度向南，要救京城。

这次面前的金人兵营浩浩荡荡，再想完胜是不可能了，老爷子告诉儿郎们，现在我们腹背受敌，我跟你们一起冲，咱们死里求生。

万人必死，横行天下，于是阵斩数千人，击退金兵几十里。

随后退回河对岸，金兵想报仇的时候发现只剩空营，金兵放松的时候老爷子又带人杀了回来，趁夜袭营，大获全胜。

奈何老爷子冲过了防御线，还是没在京城城破之前赶到，靖康之耻，二帝北去。

老爷子来不及多想，当即调转马头，要去半路截回二帝。那天他星夜兼程，饮马黄河畔，望着金兵高高扬起的烟尘，才发现自己背后空无一人。

原来从没有其他的勤王之兵。

老爷子颤抖着闭上双眼，身子摇摇欲坠，险些从马上摔落。

后来赵构成了宋高宗，金人也折腾够了，想让赵构割地求和。老爷子的声音已经不像从前那样洪亮了，但大殿上仍旧回荡不休。

他说："天下者，是太祖太宗，是天下人之天下，该传之万世,不可拱手他人。倘若割地,是夺天下忠义之气,而自绝于民。臣虽老弱,当亲冒矢石为诸将先,得捐躯报国恩足矣。"

老爷子辞别赵构,亲自去往北方,先去青州,又入汴京,他要把天下夺回来。

时年,六十九岁。

那年的开封城,城外都是金人的军鼓之声,城内盗匪作乱,民不聊生。

老爷子抓了几个小偷,当场枭首,下令:为盗者,无论赃物轻重,必被斩首。

回首那年寒冬,老爷子救了无数即将冻死的穷人,如今因老爷子死的人也不少了。

他来不及叹息,菩萨心肠都成了霹雳手段,他要整合兵马,再战金兵。

那天有河东大盗叩城,人马七十余万,车万乘,叫嚣着要拿下汴京城,说:"朝廷都是垃圾,这个天下该让他来守。"

六十九岁的老爷子力排众议,孤身匹马入贼营,说降了这位大盗。

京西、淮南、河南、河北,各地的大盗都被老爷子说降,调兵遣将,数次击败金兵。

这一两年间还发生了许多事,有许多人的一生都因老爷子而改变。比如叛逃的将领来说降,都想着两国交战不斩来使,老爷子说杀就杀了。

又比如有个叫岳飞的小将,被老爷子救了性命。

还有黄河对岸的金兵,败了几场之后再也不敢主动进犯,提到老爷子,口必称"宗爷爷"。

奈何这一切都没什么用了,老爷子给赵构写了几十封信,说:"汴京已经回到从前了,物价平稳,军民一心,只要您能回来,金人不足为惧……"

赵构偏偏不想再回来了。

于是老爷子也明白,大宋的江山再回不到从前。

那年老爷子病重,诸将来看他,老爷子笑了笑没说自己的身体,说:"只要你们能灭敌,我死而无憾。"

诸将痛哭而去,老爷子自己默了半晌,终于轻叹。

出师未捷身先死,长使英雄泪满襟。

第二日,风雨如晦,病榻上的老爷子开始胡言乱语,说些颠三倒四的战事。

突然,老爷子的目光亮起,声音洪亮,一字字长呼道:"过河! 过河! 过河!"

声落而逝,虚年七十岁。

老爷子名叫宗泽,死后由儿子和爱将岳飞扶送灵柩至镇江,与夫人合葬。

从前南北对峙的时候，有个书生，贼中二，天天在朝堂上跳，说我能打十个，说要随军北伐。

那会儿的朝堂仿佛茫茫荒野，他跳在里面，显得格格不入，又分外孤独。没人理会他北伐中原的奏章，也没人愿意提拔他身居高位。

直到后来有了叛贼，几次南下围剿失败，大臣们这才想起书生。

于是衮衮诸公抱着试试看的心态，把书生给扔了过去。

三个月，叛贼平定。

朝廷一头雾水。

从这往后，书生就变成了救火队长，哪儿有叛贼就调哪儿去。曾经的金戈铁马，只能在南下平叛的路上再次入梦。

比如"盗起连湖湘"，书生就被任命为湖南安抚，月余之间"悉讨平之"。

是这些盗匪太菜了吗？

并没有。

比如江西的叛乱,叛匪头子是个机智的大爷,六十多岁,名叫赖文政。

这大爷原本是个卖茶的生意人,但朝廷的茶引制度实在太坑,买了茶引才能卖茶,要买茶引就要花大价钱,花完钱还要被官差沿路索贿。

鬼才能挣钱啊?

没辙,只能一群人自己招募乡勇,护卫走私。

真跟官差拼起来,杀了人,一群人面面相觑,六十岁的赖文政叹了口气说:"事到如今,焉能回头?"

这就落草为寇。

虽然落草为寇,实际上几辈都是生意人,对周遭乡亲也不差,所以朝廷来剿匪的时候,这群百姓竟然还向着茶寇。

无论是打过硬仗的老将,还是百战精兵,都在赖文政手下吃过亏。

自湖北打到湖南,真碰上大军围剿,这大爷还能在败退湖北之后再次起事,一波反杀,把疏于防备的官军打成狗。

之后立足江西,屡败官军,把朝廷的脸都抽肿了。

直到书生被调来。

刚一进城就霸气外露,指着赖文政藏身的山窝窝说:"三个月内,必把这厮亲手剿掉。"

赖文政听到消息,手下人哈哈大笑说:"这就是没遭到过现实的毒打,周边的泥腿子都是我们的人,他敢动我就敢锤,等把他锤安生了,再分他点儿钱,让他赶紧滚蛋。"

赖文政摸着下巴,他听过书生的名头,隐隐有种不妙的预感。

至少不是分点儿钱就能打发走的。

结果书生不动。

大爷跟手下在山间林中等了几天,书生除了派兵堵住出山要道,丝毫没有剿匪的意思,甚至还有空跟当地官员饮酒唱词。

大爷心想,难不成盛名之下其实难附?

终于有天晚上,赖大爷忽然被人拍醒说:"对面那书生杀过来了!"

大爷一脸蒙,心想书生不是还跟人喝酒呢吗?而且打过来为啥没人给我报信啊?之前那么多精兵悍将都败了,他不得大军进山,才敢围剿吗?

不用,书生直接领着一波死士,提刀往山里冲。

书生说:"就这几千茶匪,乌合之众,所占优势乃是山林地利,再加附近通敌的百姓。越是大军进山,遇见林木越是束手束脚,其实只要随便派点儿人盯住他们,别让他们跑,等这群人开始松懈,一波就能带走。"

大爷无语了。

大爷反了,大爷发现术业有专攻这句话真不是白给的。

这书生有事是真能用兵法啊!

而且怎么就乌合之众了啊！我们这群人走私护商,跟前朝名将的麾下都硬刚过,没差啊!

所以大爷还试图抵抗。

直到大爷瞅见这书生提起刀,刀光如霹雳列缺,一闪就是一蓬鲜血,其武力之高乃是大爷平生仅见。

大爷蒙了。

成吧,你刀快,你说是乌合之众就乌合之众吧。

赶紧逃。

遂跑去广东。

书生岂能想不到这个,一封信发出去,大爷立足未稳就又被朝廷的人堵回江西。

他一回江西就见到了书生。

大爷无语了。

大爷觉得自己没戏了,抱着杀人放火受招安的心态,去找书生和谈。

那天大爷与书生见了一面,忽然心下一凉,书生目光如炬,跟南方的婉约雅量全然不同,尽是从北方烧过来的血与火。

大爷当场打了个哆嗦。

回山之后,大爷长叹一声说:"我看这书生非等闲人,有种迷之豪气,两军交战,我们杀了他手下兄弟,即便归降,我怕也没有好结果。"

大爷决定自杀。

手下一头雾水。

几天后,盗匪归降,献上了大爷的首级。

书生盯着那头颅,总觉着哪里不太对,他看了很久,忽然望向远方。

远方是青黄不接的稻田,偷眼张望的百姓,狼狈归降的茶商。书生挑了挑眉,一挥手说:"叛乱既定,走吧。"

丛林深处,有个弯腰驼背的大爷,悄然叹了口气。

大爷没死,大爷当然没死,早说过大爷乃是个机智的大爷。

大爷成了叛匪头子后,第一件事,就是暗中派人搜寻与自己长得相像之人。

最终找到个煎油糍的,名叫刘四,那颗头颅正是刘四的脑袋。

无论如何,这场叛乱就此结束了,距离书生抵达江西,刚好过去了三个月。大爷回首向北,想:名不虚传,辛弃疾不愧是辛弃疾。

而平叛过后,书生还思索了问题的本质。

书生就觉着吧,本朝好歹也有上百年底蕴,不至于这点儿叛贼都搞不定。

于是书生决定练一支兵马。

这支兵马的名字叫飞虎队,非常具有穿越气息。

但是问题又来了,练兵是要花钱的。

书生搞来一大笔钱,建营、买马、锻造兵器铠甲,正热火朝天呢,被人怼了。

有人看他花钱如流水,眼红了,想要分一杯羹。

那就得把书生给挤下去,自己花钱,钱才能到自己口袋里。

于是上奏折说书生敛财,皇上当然得查一下,就扔出个金牌,让钦差过去说:"练兵这事你停一停。"

书生接到了金牌。

钦差带到了命令。

书生:"哦。"

钦差一头雾水。

钦差说:"你哦是什么意思,你得配合调查啊。"

书生笑嘻嘻地说:"那肯定配合,这位天使先去休息,回头我就叫人把账目给你送来。"

钦差信了。

等了几天,账目没见到,军营里还在热火朝天,划地盖房练兵没半点儿停工迹象。当钦差再去找书生问话,书生还是笑呵呵地说:"您要调查,那得走程序啊。"

钦差蒙了,说:"我没走程序吗?"

书生一本正经,说:"走程序得有御前金字牌吧?牌呢?"

钦差茫然,说:"前几天我给你了啊。"

书生环顾左右,说:"他给了吗?"

左右齐刷刷摇头。

钦差恼了,说:"辛幼安你玩这套有意思吗?"

书生也不笑了,目光森冷,说:"那天使又知不知道,如果现在停了此事,新军也就毁了,再有叛乱,要死多少百姓?"

钦差拂袖而去,气冲冲去写奏折。

来回一趟,大概要一个月的时间,书生就责令监办者一个月之内把兵营建成,装备成型,否则连坐。

监办者也很无奈,说:"老大,深秋露重,要建营房,也造不出那么多瓦啊。"

书生沉吟片刻,说:"要多少瓦片?"

监办者吞吞吐吐,说:"至少二十万。"

书生说:"成,其他你办,造瓦我来。"

那一个月里,钦差正等着看书生吃瘪,就发现书生跟属官跑遍了全城,从官舍寺庙到居民百姓,每一家的沟前梁上,取了两片瓦来。

两日之内,二十万瓦落成营房。

就这么着,飞虎军历尽坎坷,终于落成。

史称:雄镇一方,为江上诸军之冠。

至于钱都怎么花的,书生一一上报,皇上能怎么办呢,皇上看着这支兵马,那只能说你好棒棒哦。

可惜后来书生再也没有这种机会练兵,平叛,更不必说北伐中原了。

皇上势必会心里有点儿膈应,更何况书生还那么跳脱,在朝堂上总是怼人,谁愿意叫他回京城呢?

书生终其一生，都在外地提点刑狱，或者罢官闲居。

这期间发生过很多可可爱爱的故事，让书生的形象更萌了几分，这些我们容后再说。

只说他心心念念北伐，那么他究竟有没有去过北方？

有的，他从北方来。

那年他还很年轻，北方也有愿意为了南渡朝廷征战的人。

书生就跟着这个将军，当随军参谋。

书生当参谋的时候，跟个朋友混的很熟，结果后来这朋友投敌了，将军当场就想杀了书生。

书生说："你给我三天，我一定给你个交代。"

将军竟然就信了，放手让他走。

书生单刀快马，追上那个朋友，两人相顾无言，西风萧杀，黄叶遍地，两道刀光如倒卷星河。

那天书生手起刀落，提着人头回了军营。

将军就更赏识他，所以会推荐他去南方当官，期待他日后带兵北伐。

结果书生得了官，可以领着兄弟们南下了，却发现将军竟被叛徒给杀了。

书生沉默了很久。

有人说："那我们还走不走？"

书生深吸口气说："是将军给朝廷写信，推荐的我们，如今将军死了，我们岂能这样就走？"

那能怎么办呢？

书生说："报仇。"

书生带了五十个人，杀进上万人的敌营，敌营正在庆功，庆祝将军终于死了。那个杀了将军的叛徒还酒在杯，肉在怀，就突然看到书生提刀纵马而来。

刀光一闪，叛徒身前的人潮退尽，他浑身颤抖着，被书生生擒了回去。

随后，书生振臂一呼，替将军带着他那万余弟兄回了南方。

人称：懦士为之兴起，圣天子一见三叹息。

那年，他二十三岁。

或许有人会问，为什么这人领兵这么强，还要叫他书生？

因为他兵法武功固然惊艳，但那样的文章诗词，更是一代之雄。

醉里挑灯看剑。

道男儿到死心如铁，看试手，补天裂。

这人当然是辛弃疾。

曾经建军、平叛，南渡以来他也有过许多功业。但就在他即将被起用，北伐中原的时候，病逝在了上任的路上。

那一天，将星陨落，老辛躺在病榻上，嘴唇颤抖，目光死死望着北方。

"杀贼！杀贼！"他长呼数声,声断而逝。

最后分享几个老辛的萌点。

比如喝醉之后还会哄媳妇。

那天晚上,姑娘又失眠了。她夫君十天半个月没回家,连封信都没有,那会儿车马都很慢,没有电话,没有微信,失眠了就容易瞎想。

姑娘就想:"这狗东西又跟哪个小婊子鬼混呢？"

然后就更睡不着,坐起来想她夫君的各个前女友,想了半天心烦意乱。

些底事,误人哪。不成真个不思家。娇痴却妒香香睡,唤起醒松说梦些。

小半夜过去了,姑娘悠悠叹了口气说:"烦,真烦,那个狗东西就真不想家吗?等他回来肯定要让他跪搓衣板,跪两个时辰！"

正这么想着,耳边还有鼾声,呼噜噜,呼噜噜,特别萌。

那是姑娘的闺密,香香,蜷着个身子在睡觉,睡得特别香。

姑娘气不打一处来,哼了一声,硬是把香香给叫了起来。香香一脸蒙,心想你这是要干吗?

姑娘说:"我睡不着,陪我说话。"

香香无语了。

姑娘说："哎，我做了个梦，梦见我男人跟别的小婊子在鬼混。"

香香说："你不是睡不着吗？哪来的梦……"

姑娘无语了，说："要你管！"

然后这两位姑娘到底是打闹累了终于睡着，还是笑着说了一夜的八卦，词人未写，也就不为人知了。

万万没想到，老辛你浓眉大眼的，也写这种词。

我猜八成就是香香告密，才让词人哈哈大笑，把这段失眠的故事，写成了词。

其实夫人跟老辛年轻时的相遇，还是很美好的，老辛把她写进词里，写："春已归来，看美人头上，袅袅春幡"。

夫人那会儿才十七岁，哪见得了这个，书生淡淡一笑，就芳心暗许。

后来才知道，呸，男人都是大猪蹄子。

比如这个书生跑去喝酒的晚上，夫人跟香香嘟囔，说："他怎么跟谁都能喝呀，跟尚书、侍郎能举杯，跟秀才、铁匠也能共饮，再喝下去恐怕就要喝死啦。"

香香很困，香香只想睡觉。

夫人说："不许睡！"

香香无语了。

夫人说："哎，你就陪我等大猪蹄子回来嘛，他不回来我睡不着的。"

香香说:"我真是上辈子做了孽……"

那晚大猪蹄子终于还是回来了,醉如烂泥,已然喝断片了。

等老辛醒过来的时候,发现眼前有绿窗,该是夫人的闺房,他眨了眨眼,四下打量。

辛弃疾说:"咦,夫人呢,夫人哪儿去了?"

辛弃疾再仔细一瞧,发现绿窗上、墙上,到处都是字。

从天下大事,平生壮志,到这三五间院落,讲的都是他不该忘却放下的东西。

随后画风一转,字里行间都可怕起来:你要是再这么喝,喝出病来,喝死你,你天天念叨的朋友和天下事,都随你下黄泉了。到那时候,我才不会给你收尸呢,我回家找我爹去!

辛弃疾咽了口唾沫,有点儿慌。

面对千军万马,朝堂阴谋,他不慌,但媳妇生气,该慌还是要慌的。

老辛蹑手蹑脚地走出门,恰好碰见香香从外面走过,老辛一把将香香拽过来,挤眉弄眼问:"夫人那边什么情况?"

香香撇撇嘴说:"你可不知道你昨天醉成什么模样,我看了都生气。"

香香又说:"好在夫人贤惠,气归气,知道你一早醒来不好受,还吩咐厨房给你做了饭。"

辛弃疾同学一脸沉痛说:"我反省,我认错,以后一定戒酒,我写首词来表明心迹,改天唱给夫人听。"

谈话间,隔壁屋传来夫人冷冷的声音:"滚,大猪蹄子,傻子才会信呢!"

辛弃疾嘿嘿一笑,饭也不吃了,跑到他夫人面前就开始谄媚。

顺手就写了首词,要讨他娘子一笑。

词是这么写的:昨夜山公倒载归,儿童应笑醉如泥。

昨天晚上,你老公我躺在板车上,烂醉如泥,被人给推回来,我那会儿已经喝断片了,听不见,不过想来村里那群孩子应该都笑得跟傻子似的。

夫人呵呵一笑。

试与扶头浑未醒,休问,梦魂犹在葛家溪。

村民把我弄下车,想让我站成一个惊叹号,于是想把我脑袋扶正。那我,夫人你是知道的,我肯定皮啊,他们扶我脑袋,我脑袋就歪到另一边,一定要把自己搞成个问号。

至于问的是什么,别问,问就输了,反正我也不会回答,我人虽然回来,魂儿却还在葛家溪。

场景栩栩如生,香香没忍住,已经笑了出来。

夫人还在憋,书生已经开始唱下半阕。

欲觅醉乡今古路,知处:温柔东畔白云西。

你说我的魂儿从醉乡这条路上走过去,能看见什么呢?能看见温柔乡,能看见白云边,那是汉武帝金屋藏的娇,是赵飞燕掌上跳的舞。

那我眼前的温柔与白云是谁?

辛弃疾瞄了眼夫人,夫人已经正襟危坐起来。

辛弃疾笑:起向绿窗高处看,题遍,刘伶元自有贤妻。

我早晨起来的时候才发现,原来我的温柔与白云,都把心事写在了墙上。我这个像刘伶一样的醉鬼,也有这样的贤妻呀。

一首定风波吟罢,老辛就笑嘻嘻地盯着夫人看。

那夫人能怎么办,当然是选择原谅他啦,推他一把,说:"你快走啦,快去吃饭喝喝粥。"

啊,渣当然也渣了点儿,但还是很可爱啊。

还有老辛闲居怼儿子的场面。

老辛家有位公子,比才华比武功没什么出奇,但公子丝毫不慌。

公子说:"我还可以拼爹啊。"

他爹文武双全,文词传遍大江南北,武功一把刀从北打到南,至今还天天想干架。

公子最美好的愿望,就是可以当个快乐的富家公子哥,天天享清福。

奈何他爹不这样想。

那天公子突然听说他爹要辞官,正躺在摇椅上吃葡萄的公子一脸蒙。

公子很慌,公子怯怯地去找他爹。

他爹正在写词,抬眼瞅他,说:"怎么了?"

公子说:"那个,爹,你怎么突然就要辞官了?"

他爹说:"一群傻子,不伺候了。"

公子无语了。

公子说:"但是吧,那个,爹你有没有觉得你当官这些年,发的钱都给花了,根本没剩多少田产呀。这点儿田产您辞官后,您看是不是,就,不太够?"

他爹一头雾水。

他爹说:"逆子!你是在嫌你爹没给你挣够败家钱吗?"

公子大惊:"我不是,我没有,别瞎说!"

他爹说:"逆子!我还不知道你?"

所以说他爹毕竟还是有文化的人,当面骂了公子一顿(或许还揍了一顿)之后,仍然不消气。

他爹说:"我再给你写首词吧。"

公子一头雾水。

公子说:"爹你气糊涂了吗,我有什么值得写?"

他爹说:"我写首词,让后人一起来骂你。"

公子无语了。

公子说:"我是您亲生的吗? 爹!"

他爹不管,他爹就开始写词,为防后人不懂,还贴心地写了序:

> 吾拟乞归,犬子以田产未置止我,赋此骂之。

赋此骂之,啧啧。

大体意思就是:爸爸已经老了,要那么多钱干嘛,钱多了遭人惦记,你个傻孩子屁事不懂。

以后我就退下来,闲饮酒,醉吟诗,多好。

你丫要那么多田干什么,你才长几张嘴啊,还不够你小子吃? 别说了,滚。

> 吾衰矣,须富贵何时。富贵是危机。暂忘设醴抽身去,未曾得米弃官归。穆先生,陶县令,是吾师。
>
> 待葺个、园儿名佚老,更作个、亭儿名亦好。闲饮酒、醉吟诗。千年田换八百主,一人口插几张匙。休休休,更说甚,是和非。

公子能怎么办,公子当然就只能滚。

其实这可能是公子第二次收到他爹给他写的词了,小时候他爹还写过一首。

是给儿子的,或许就是这个儿子。

但后来当公子懂事之后,回看这首词,就觉得是晴天霹雳。

这首词的题目是《清平乐·为儿铁柱作》。

公子无语了。

公子说:"爹!爹你为什么要把我小名写词里啊!"

他爹说:"你不觉得铁柱这个名字很可爱吗?"

公子说:"不觉得啊!以后大家根本不会记得我大名,只会知道我叫铁柱的啊!"

他爹说:"铁柱有什么不好吗?"

公子看着他爹,从他爹的眼神里看出了"你要敢说不好我就要骂逆子了"的意思。

公子无语了。

他爹说:"你看我的名字,弃疾,怎么听怎么拗口,铁柱就很好,大气,简洁,返璞归真。"

公子欲哭无泪,公子躺回去做一个没有梦想的富二代咸鱼了。

没错,他爹当然就是辛弃疾。

至于公子……辛家的孩子名字都贼难念,几位公子的大名分别为:稹、秬、穮、穰、秼、秸、褒……

看取辛家铁柱,无灾无难公卿。

嗯……还是叫他辛铁柱吧,确实朗朗上口。

最后再提一嘴老辛跟他的朋友们。

那些年里辛弃疾没机会金戈铁马,就常跟朋友喝酒,跟陈亮喝高兴了,还决定一起去约朱熹玩。

朱熹无语了。

朱熹表示没空,并成全这两位的甜蜜时光。

所以老辛与陈亮窝在紫溪,喝喝玩玩十多天,终于分别,陈亮陈同甫飘然东去。

事情发展到这里,还是正常的,可以理解的,别后不知多少年,相聚久久不愿散,但三分酒意上头,大好男儿说走就走。

然而,等到第二天东方渐白,辛弃疾酒劲儿过去。

老辛说:"卧槽?陈同甫呢?"

辛弃疾捂着脑袋,想了半天:"哦,这小子走了。"

走也就走吧,一般来讲我们也该收拾东西回家了,但老辛没有。他坐立不安,想了半天,还是舍不得陈亮就这么走了。

辛弃疾做出了一件异地恋者都不会做的事。

他去追车了。

陈亮的马车已经走了一夜,辛弃疾疯狂追车。

追没几步,林中雪深路滑,水面结冰难行,辛弃疾愤愤然下了马。

于是望着残山剩水,疏梅清江,老辛怅然久之。

半夜，辛弃疾就近找了位朋友，去他家投宿。结果屋漏偏逢连夜雨，老辛正因为没追上好朋友而伤心，隔壁又有人开始吹笛。

吹得凄清惨淡，闻者伤心，听者落泪。

这怕是个无眠的夜晚，当时老辛就没忍住，写了一首词。

这不是重点，重点是，五天之后，陈亮又给辛弃疾写信来了。

陈亮说："我知道你肯定想我了，我也想你，你有没有写词啊，快给我看看。"

辛弃疾回信："当然写了呀！"

这首词写的是什么呢？

铸就而今相思错，料当初，费尽人间铁。长夜笛，莫吹裂。

铸就一方雕塑，废多少铁呢？我不清楚。但当初没能留下你，令我相思成疾，把这错误当成雕塑，我用尽人间铁，也才堪堪铸就。

你是不知道啊，那晚的笛声，把我心都吹裂了。

我倒吸一口凉气。

这就是令人羡慕的兄弟情吗？

此时我在看热闹，觉着这两人可爱之余，忽然有了种莫名的辛酸。

后来陈亮看到这首词，当然感动得不行，当场又给辛弃疾回了一首。

那还了得，辛弃疾岂能忍，于是又回了陈亮一首。

我无语了。

你俩还有完没完？

当然，没完是很好的，毕竟自古爱情，哦不，兄弟情就非常容易催生好的文学作品。

只是看到辛弃疾给陈亮回的第二首词，我怎么都笑不出来了。

这第二首，就是传唱极广的《贺新郎·老大那堪说》。

老大那堪说，似而今，元龙臭味，孟公瓜葛。我病君来高歌饮，惊散楼头飞雪。笑富贵，千钧如发。硬语盘空谁来听？记当时，只有西窗月。重进酒，唤鸣瑟。事无两样人心别，问渠侬，神州毕竟，几番离合？汗血盐车无人顾，千里空收骏骨。正目断，关河路绝。我最怜君中宵舞，道男儿，到死心如铁。看试手，补天裂。

我最怜君中宵舞，道男儿，到死心如铁。

是啊，为什么这两人能这般彼此触动呢？

那首诗写得真好，杯子碰到一起，是同一个梦碎成的同一个声音。

片刻的把酒言欢,才能有片刻的陈年热血。

只可惜英雄拔剑,无处挥刀,悲慨心事纵有朋友相倾诉,回首还是关河路绝。

且罢,继续饮酒吧。

三杯酒后,又能唤起一天明月,照我满怀冰雪,浩荡百川流。鲸饮未吞海,剑气已横秋。

待半醉半醒时,听千古兴亡,百年悲笑,一时过耳。

酒醒以后,却将万字平戎策,换得东家种树书。

那些年的壮志与心事,从此都深藏山水了。

至少老辛是这样说的,他说:"我这样也挺好的,难不成人总要封个侯吗?"

这当然不是封侯的事。

六十八岁,朝廷说:"要不还是来北伐吧?"

于是提刀的少年,温柔的青年,酒后追车的中年,志气消磨的暮年,又重新被点燃。

拖着病体,辛弃疾再次上路。

三声杀贼,魂魄在黄泉路上,向岳武穆,向姜伯约,向诸葛武侯的背影追了过去。

这也是同一片不死不休的灵魂。

以下并不是按时间先后排列的诗词,我打乱了他诗词的出

现先后,用来形容他的一生:

1.我梦横江孤鹤去,觉来却与君相别。

这词是他后期写的,但可以用来当他少年时代的写照。

那时他还在金国,他生在金国学在金国,跟朋友党怀英并称辛党,真想去科举,大好前程俯首可得。

他要回大宋。

因为他目睹了太多汉家儿女沦为奴隶,京城的大人物说瑞雪兆丰年,丝毫不顾这祥瑞掩埋了多少白骨。

党怀英跟他卜卦,决定谁去谁留。

党怀英得坎卦——来之坎坎,终无功也,所以党怀英留在北方。

而辛弃疾是离卦。

离者,明两作,大人以继明照四方。

所谓明两作,就是两次日出,真英雄以自己为光焰,延续光明,朗照四方。是昭烈帝后六出祁山的武乡侯,是五丈原后幽而复明的姜伯约。

当是时,西风残照,辛弃疾仰天长笑,他笑出泪来,说:"党怀英,还得是我做负尽师友之人,还是要我来当这天下英雄!"

那是名动齐鲁的"辛党"最后一次痛饮,他们聊过往的岁月,聊书院里的同窗,聊曾经的文华富贵还有如今的豪气天成。

那夜辛弃疾做了一场梦,梦见自己乘舟横亘大江上,孤鹤长鸣经天过。

醒来后，党怀英听他说这个梦，笑着拍拍辛弃疾的肩膀，说："这是苏东坡的梦，我很怀念那个时代，希望你有机会能把它带回来。"

辛弃疾笑得张扬而灿烂，他说："放心吧，我一定给你带回来。"

少年时代里，辛弃疾最好的朋友，就此与他分道扬镳。

只是很多年后回首望，辛弃疾才发现。

2.将军百战身名裂，向河梁，回头万里，故人长绝。

这一段其实该用那句：醉里挑灯看剑，梦回吹角连营，八百里分麾下炙，五十弦翻塞外声，沙场秋点兵。

或者是：想当年，金戈铁马，气吞万里如虎。

但我还是用了这句。

那年辛弃疾结交豪杰，趁完颜亮大军攻宋时加入起义军。

只是他结交的豪杰朋友，最后却背叛义军，投奔金国。

起义军首领要杀辛弃疾，辛弃疾说："你给我三天，我一定给你个交代。"

首领没让他翻译翻译什么是交代，而是真的放手让他去了。

辛弃疾没辜负将军，他追上自己的故友，故友说："你放我一条生路，时局如此，以后我也能为你多谋条出路。"

北风呼啸，辛弃疾的回答是刀。

两马交错，刀光如电，血溅长空，辛弃疾杀了故友，回见将军。

自此得了重用，掌管机密，也领兵冲阵。

跟南宋朝廷取得联系后，首领也派辛弃疾这能文能武的去交涉。

交涉很成功，只是辛弃疾回到北方才发现首领被叛徒杀了。

辛弃疾振臂一呼，带着五十袍泽挥刀冲阵，踏营而回，顺手擒杀了那个狗叛徒。

率兵南下。

那时的辛弃疾还很年轻，大抵才二十三岁，满脑子都是南归之后可以北伐。

他不知道自己多年以后回首平生，才发现将军百战身名裂，向河梁，回头万里，故人长绝。

3.春已归来，看美人头上，袅袅春幡。

这是南下的时候，邂逅了爱情的辛弃疾，给自家娘子写的词。

4.夜半狂歌悲风起，听铮铮阵马檐间铁，南共北，正分裂。

到南方后，仍旧心系南北分裂，志图恢复。

5.长恨复长恨,裁作短歌行。何人为我楚舞,听我楚狂声?

人间万事,毫发常重泰山轻。

过了几年,辛弃疾终于发现南方的朝廷里并没那么多想北伐的人。

自己的狂声无人问津,朝廷里嘈杂的那堆屁事反而显得那么重要。

皇家的园林,湖南的反贼,让辛弃疾咬牙切齿。

6.唤起一天明月,照我满怀冰雪,鲸饮未吞海,剑气已横秋。

辛弃疾去剿匪了。

他仍旧满怀冰雪,仍旧剑气横秋,所到之处攻无不克,只是这里并非他想要的舞台。

7.江头未是风波恶,别有人间行路难。

想做点事是真的难,辛弃疾想建新军,还被一群狗官试图插手贪钱,派钦差来查他。

老辛那脾气能忍?

扣了钦差,藏起金牌,赶工把营盘新军都建好了,再回头给朝廷报账。

账目没问题,但朝廷觉得辛弃疾很有问题。

8.我病君来高歌饮,惊散楼头飞雪,笑富贵,千钧如发。

硬语盘空谁来听,记当时,只有西窗月。

那些富贵权位,老辛已经不在乎了,生病的时候跟同样壮志难酬的朋友写词唱和。

他也只能跟朋友写词唱和。

9.把吴钩看了,栏杆拍遍,无人会,登临意。

老辛赋闲了,没什么官给他做,也没什么事适合他做。

而他想干什么,朝中大员并不清楚。

北伐有什么意义呢?改变现状怎么能确保我们现在的地位?

无人知他,除却青山。

所谓:

> 白发空垂三千丈,一笑人间万事。……我见青山多妩媚,料青山间我应如是。……回首叫,云飞风起,不恨古人吾不见,恨古人不见吾狂耳。知我者,二三子。

辛弃疾开始从悲慨变得接受命运。

10.归休去,去归休,不成人总要封侯?浮云出处元无定,得似浮云也自由。

老辛开始调侃自己,人又不是总要封侯。

当不了诸葛武侯,当陶渊明也不错嘛。

11.一笑出门去,千里落花风。

但觉平生胡海,除了醉吟风月,此外百无功。

我如今啊,只醉吟风月而已。

12.醉里且贪欢笑,要愁哪得工夫。近来始觉古人书,信著全无是处。

昨夜松边醉倒,问松我醉何如。只疑松动要来扶,以手推松曰去。

却将万字平戎策,换得东家种树书。

好了,现在我要去种树喝酒了。

13.但将痛饮酬风月,莫放离歌入管弦。

大家饮酒啊,高歌啊,离别什么的别去想了。

14.若教眼底无离恨,不信人间有白头。

只可惜离别总是难免的,否则又如何能有白头?

老辛的朋友已经不多,却天南海北,相见时难。

15.欲上高楼去避愁,愁还随我上高楼,经行几处江山改,多少亲朋尽白头。

那些老朋友，也都已经老了。

16.白发多时故人少，江河流日夜，何时了。

逝者如斯啊，老辛也到了访旧半为鬼的年纪。

17.少时对花浑醉梦，而今惺眼看风月。恨牡丹笑我倚东风，头如雪。

18.落叶西风时候，人共青山都瘦。

又瘦又老的辛弃疾，开始沉醉在眼前的田园生活里。

19.一川明月疏星，浣纱人影婷婷。笑背行人归去，门前稚子啼声。

20.也莫向竹边辜负雪，也莫向柳边辜负月。闲过了，总成痴。种花事业无人问，惜花情绪只天知。笑山中：云出早，鸟归迟。

21.醉里不知谁是我，非月非云非鹤。

22.白发苍颜吾老矣，只此地，是生涯。

23.试回头五十九年非,似梦里欢娱觉来悲。

然而辛弃疾毕竟还是辛弃疾,他的前半生也不是假的,午夜梦回,还是无限唏嘘。

24.身世酒杯中,万事皆空,古来三五个英雄,雨打风吹何处是,汉殿秦宫。

梦入少年丛,歌舞匆匆。老僧夜半误鸣钟,惊起西窗眠不得,卷地西风。

25.平生塞北江南,归来华发苍颜。布被秋宵梦觉,眼前万里江山。

这些唏嘘过后,又是年迈的悲慨沉郁,一齐爆发出来。

26.千古兴亡,百年悲笑,一时登揽。

或许是某日登楼,或许是再次看山,老辛又涌起这样的暮年壮心。

只可惜却无处可说了。

27.少年不识愁滋味,爱上层楼,爱上层楼,为赋新词强说愁。

而今识尽愁滋味,欲说还休,欲说还休,却道天凉好个秋。

28.最后,老辛还是等到机会出山,参与北伐,这一瞬他后半生十几年的田园,惆怅、唏嘘、逍遥,全都不见了。

他又回到当初,那个抽到离卦的少年。

拖着病体,老辛踏向北方,病逝半路,高呼三声杀贼,声断而去。

正目断,关河路绝。

　　我最怜君中宵舞,道男儿到死心如铁,看试手,补天裂。

【家祭无忘告乃翁】

从前有个书生，出身名门，家中藏书无数，奈何却没中科举。

所谓福兮祸所依，书生既然出身名门，那自然有通过恩荫得来的官身，凭这个身份，他可以直接参加大宋锁厅考试，中了一样是进士出身。

没想到那年不巧，书生自认诗文无双，兴冲冲赴京赶考，迎头就撞上了真正的权贵子弟。

秦桧的孙子。

又因为书生的诗文确实独步当时，被主考官点为第一，压了秦桧的孙子一头，书生的名字就无意间闯进了秦桧眼里。

秦桧扫了他的名字一眼，轻描淡写地说：“我不想再见到这个名字。”

于是本来第一的书生，就这样从名单上消失了。

乃至第二年的礼部考试，书生闯到京城，还是一无所获，主考官丝毫没有为一贤才而得罪丞相的勇气。

就这样，书生一直熬到秦桧死了，才有机会被提拔。

那会儿赵构急着清理秦桧党羽,而反对秦桧者,或者秦桧曾经陷害的人,很多都在这会儿被赵构捞了起来。

书生也是其中之一。

赵构也没让他再考什么进士,直接点他入仕,一县主簿还没做多久,又把书生叫来了京城。

书生目光灼灼,书生特别兴奋,书生觉着虽然赵构不是什么好皇帝,但如今没了秦桧这个狗东西影响,自己还是有希望掰正他的。

留京那几年,书生几次进谏,说:"陛下不能滥赏,陛下要严于律己,别有事没事弄你那些珍玩,还有你那禁军统领,都掌军多久了? 禁军是你家的还是他家的,陛下你得有数啊。"

这些话赵构还真听进去了,一一允诺。

除此之外,估计赵构也是烦,给书生找了些别的事做——让他负责大理寺的一部分工作。

卷宗繁杂,书生总算消停下来。

从故纸堆里抬起头,有时书生也会望向北方,他出生的时候还没靖康,三四岁刚开始有记忆的时候,书生觉得自己总是在哭。

他们家匆匆忙忙,从一个遍地兵与火的地方,跑到另一处残垣断壁里。

路上小小的书生见过不少同样倒在地上的小朋友。

那些身影追了他很多年,二三十载秋风冷雨不能消磨。

胸中这股不平气也随着岁月流逝,越积越多,他在京城的时候，跟朋友相聚，三言两语，高声疾呼，喊的都是北伐。

所谓京华结交尽奇士，意气相期共死生。

然而赵构终究是劝不回来的。

金兵一旦南下，他就满脑子只想着逃，若非是虞允文采石矶大捷，赵构人都已经到海上了。

虞允文击退金兵后，赵构终于也没脸再在皇位上待下去，禅位给了宋孝宗。或许是记得书生曾经多次劝谏，或许是看重书生的主战立场，孝宗又一次提拔了书生，并赐他进士出身。

书生精神一振，觉得前有虞公大捷，后有进取之主，北伐大有可为啊！

遂上奏章，提出自己的北伐战略。

没想到奏章上去，孝宗根本没理，书生多方打听，才发现孝宗正沉迷后宫玩乐，自己的奏章只被看了一眼就丢旁边了。

书生一时失语。

片刻后，书生又笑起来，他说："陛下如此，江山如何？"

所以书生一掀衣摆，大步踏向那些可以入宫的重臣家中，他位卑言轻，连宫门都进不去，可他胸中有言，不吐不快！

终于，有大臣愿意为书生进宫质问，质问的结果当然是孝宗醒悟，收心回归国事。

但书生的仕途也到头了。

先是被罢出京城，后来当孝宗兴致勃勃要北伐的时候，书生又忍不住越级上书，说："出兵是大事，要定长远之计，不能头脑一热，说打就打。"

没人听。

结果先胜后败，采石矶大捷后的大好局势就此葬送。

大宋朝廷里顿时响起一片偷安之声，仿佛出兵本身就是极大的罪过，这会儿书生终于见到了此前负责北伐的将军，他声色激昂地说："胜败乃兵家常事，岂能因败不前？某胸中还有平戎之策，愿献于张公出兵！"

奈何张公不久之后，便老病离世了。

这位主战派的旗帜一死，朝中的投降派开始清算有志之士，书生气不过，再次上疏说："陛下身边全是奸臣，没有忠臣。"

宋孝宗本来就不喜欢书生，这会儿更觉得他没数。

怎么着，全天下就你一个忠臣是吧，不听你的就得完蛋是吧？

当即再一次把书生贬官，而等一年后有人翻旧账说："书生鼓吹是非，力劝用兵，其心可诛。"

宋孝宗也很乐见其成。

直接罢免了书生的官职。

那几年书生回了故乡，宦海的沉浮，志向的屈伸，让他不由得有些疲惫，他游走在乡间的小路上，跟百姓村民同乐，渐渐平息了心中的一些苦闷。

书生想，自己还算年轻，一切总还有机会。

某次在村里乱逛的时候，书生迷了路，出口恰在一片花红柳绿处。

书生不由得一笑，写下了那首名篇。

> 莫笑农家腊酒浑，丰年留客足鸡豚。
>
> 山重水复疑无路，柳暗花明又一村。
>
> 箫鼓追随春社近，衣冠简朴古风存。
>
> 从今若许闲乘月，拄杖无时夜叩门。

这位书生，当然就是陆游。

几年之后，陆游再次出山，去川陕宣抚王炎麾下做幕僚，川陕宣抚驻军在宋金前线，陆游相信这里是离自己志向最近的地方。

他说：丈夫五十功未立，提刀独立顾八荒。

他说：尔来从军天汉滨，南山晓雪玉嶙峋。

呜呼！楚虽三户能亡秦，岂有堂堂中国空无人！

然而这段铁马秋风大散关的军旅生涯，很快也结束了，堂堂中国不是无人，而是实在太有人了，多的是聪明人，外战外行，内战一流。

朝廷把王炎调了回去，幕府解散，陆游只能去做一些清闲散官。

所谓：此身合是诗人未？细雨骑驴入剑门。

难道我这一辈子，只能当一个诗人了？

当然，这些年里陆游也有过很多次出门，他去送过范成大出使金国，跟虞允文写过诗，这些成名已久的前辈或同辈，也愿意提携他。

一步步，让陆游再次可以做些实事。

比如主持一州科举，举办一州之地的阅兵，鼓励军心，勉励后进。

这就很碍主和派的眼。

遂盯着陆游闲着没事借酒消愁一事说："他不拘礼法，燕饮颓放。"

这玩意儿当然不是很大的罪名，主要就是奏他的人足够多。

再加上陆游在孝宗心里的位置……

陆游再次被罢官了。

罢官之后的陆游白眼向天："成吧，你们说我狂放，那从今以后，我自号放翁。"

这位陆放翁刚刚出世，就写了一句特别不符合他狂放人设的诗，他胸中志向无处伸张，但对国事却又不得不关心。

　　位卑未敢忘忧国。

这是陆游的诗。

真正的不拘礼法，狂放害国，是为了私利结党舞弊之人，是为了苟且偷安打压忠良之人。

虚假的放翁,反而来位卑未敢忘忧国。

几年后,陆游的诗越来越好,渐渐有了点儿"但凡读过书的人都知道这人的诗必定名留青史"的味道。

就凭这个,朝廷再度起用他,主管江西常平仓。

这次为官时间更短,陆游正赶上天灾,开仓放粮,先斩后奏,回京的时候又被人参了一本,说他所作所为多越于规矩。

这话当然也不是很重,可陆游的脾气忽然上来了。

反正留在这样的朝中,也没什么北伐的机会了,老子不伺候了,走还不行吗?

陆游愤然辞官,回了山阴。

而此时,陆游已经六十一岁了。

这时陆游终于发现,自己一回首,已经离那个京华结交尽奇士,意气相期共死生的少年人太远太远了。

那个时候,自己还觉得世间事大有可为。

早岁那知世事艰,中原北望气如山。

楼船夜雪瓜洲渡,铁马秋风大散关。

塞上长城空自许,镜中衰鬓已先斑。

出师一表真名世,千载谁堪伯仲间!

这就是陆游六十一岁的诗。

这首诗实在太好,属于明眼人都能看出来,这厮要成为大宋的杜甫了，还让他在家里待着，实在显得朝廷太不专业。

更何况陆游如今子嗣多，开支也大，给他官职俸禄，想来他也是可以收敛的。

朝廷里的衮衮诸公想错了。

陆游不是尔等这般人。

再次复起的陆游没有半点儿收敛，六十多岁的年纪，一有机会还是上疏朝廷，要力图大计，要收复中原，并给出了相应的政策方向。

忍了三四年，满朝上下都忍不了了。

这次攻击陆游的折子，罪名更加离谱，四个字——不合时宜。

妄谈恢复，不合时宜。

当然衮衮诸公都是聪明人，知道为不合时宜找一个合理的罪名，这罪名叫"嘲咏风月"，言下之意就是你所言的恢复，都是镜花水月，你大言不惭，实则奏疏空洞无物。

这多多少少算一个罪名。

朝廷也就欣然接受了这个罪名，把陆游削职罢官。

陆游再再再次罢官之后，须发皆白，想长歌当哭，又想仰天长笑，他回去把自己的住所改名为风月轩，挥手填词。

青衫初入九重城，结友尽豪英。蜡封夜半传檄，驰骑谕幽并。

201

时易失，志难成，鬓丝生。平章风月，弹压江山，别是功名。

　　这次罢官，陆游足足等了十三年，才等来复起的机会。

　　这十三年里，白日间很容易被旧时的衣衫貂裘触动回忆，遂有：

　　当年万里觅封侯，匹马戍梁州。关河梦断何处？尘暗旧貂裘。胡未灭，鬓先秋，泪空流。此生谁料，心在天山，身老沧洲。

　　只有一两个猫儿可以抚慰老迈的心，让陆游还能"我与狸奴不出门"。

　　可到了晚上，梦中便不消停起来。

　　僵卧孤村不自哀，尚思为国戍轮台。
　　夜阑卧听风吹雨，铁马冰河入梦来。

　　老去的十三年，陆游仍旧没忘却当初的少年郎，仍旧没有妥协半分，这跟他的感情生涯还是有很大不同的。

　　当然在那个年代，跟自己母亲妥协，也不能说陆游怯懦到底了。

　　只是可惜他与唐婉的一段恋情。

这段恋情便不多言了,像这书里也有其他的爱情,笔者所认定的爱情,往往是冲破世俗一切枷锁的,南北分离的要相聚,父母阻拦的要冲破。

陆游、唐婉在笔者看来,是尘世中可惜可叹的情感,但终究只是可惜而已。

还不够使人浓墨重彩。

闲事休提,一声长叹,那段令辛弃疾栏杆拍遍,令陆游垂死病中惊坐起的大事件终于发生了。

韩侂胄要北伐了。

韩侂胄北伐之前,大肆动员了主战派的新老名士,辛弃疾也好,陆游也罢,都在动员范围之中,也是在那两年,陆游与辛弃疾相见了。

这两人把臂同游,两个六七十岁的老头子目光碰到一起,硬是能点燃江南的水。

当韩侂胄的北伐决策终于敲定,辛弃疾虽然知道这人不靠谱,还是决定前去献策,陆游给辛弃疾写了诗说:"你才比管仲乐毅,此去一定要让占据中原的跳梁小丑知道,谁才是真正的英雄!"

辛弃疾揽诗大笑,只可惜老辛纵马去后,并没有机会真的主兵一方。

韩侂胄问完策,便顾忌辛弃疾会争他的功,只把辛弃疾丢在镇江驻守防线。

于是当北伐的东西两线,西线叛变,东线私下议和,所有中层底层的士卒无辜枉死时,辛弃疾只能心如刀绞,在京口北固亭写词。

　　　　想当年,金戈铁马,气吞万里如虎。元嘉草草,封狼居胥,赢得仓皇北顾。千古江山,英雄无觅,孙仲谋处。凭谁问,廉颇老矣,尚能饭否?

　　同样垂垂老矣的陆游走出门去,迎着风中传来的大败消息,泪洒秋风。

　　而当韩侂胄终于认清局势,来一个辛弃疾抢功,那至少是有功可抢,他三番五次请辛弃疾再次出山,把军事决策的权力也分给辛弃疾一部分,终于请动了他。

　　奈何辛弃疾已经很老很老了。

　　除了留下三声杀贼,辛弃疾再也没能回到沙场。

　　行差踏错的韩侂胄,也成了金人议和的条件之一,奸贼杀了他,取了他的人头,去给金人当孙子请和。

　　远在山阴的陆游越发孤愤,这一腔孤愤在两年后酿成大病,取走了他的性命。

　　只剩临终的绝响,响彻一代代少年人的耳膜。

　　　　死去元知万事空,但悲不见九州同。王师北定中原日,家祭无忘告乃翁。

【欲买桂花同载酒，终不似，少年游】

那年武昌南山，有座安远楼落成。

来往的书生都喜欢登楼远眺，看北方沦陷的河山，相互举杯说要光复中原。

有个年少轻狂的书生，叫刘过，字改之，也是其中一员。

那些天，刘过在安远楼内黄金白璧，听歌买笑，还曾给一个名叫徐楚楚的姑娘，写下首词。

> 黄鹤楼前识楚卿，彩云重叠拥娉婷。席间谈笑觉风生。
>
> 标格胜如张好好，情怀浓似薛琼琼。半帘花月听弹筝。

朋友们大声叫好，徐姑娘低眉浅笑，几声筝鸣，惊散楼头飞雪。

刘过半醉着，笔墨随手一扔，说诸君饮酒，刘某且去报国！

那些年里,有无数这样的公子文人,一腔不平气,投笔入江山。

只可惜大宋朝,注定要藏这些人的刀。

二十年间,刘过几次科举,皆不中第,从此放荡形骸。生平豪气,消磨酒里。

偶尔见到明珠蒙尘,或者好友落难,刘过都挥金如土,慷慨解囊。

花钱大手大脚,当然会没钱吃饭。

好在刘过的朋友很多,像家里开着出版社的陆游,就是他的好友,刘过的生活模式,大概就是他接济完别人,其他人再接济他。

朋友们劝他说:"你能不能做个人,省点儿花?"

刘过就不服说:"我心里有数的,买酒的钱我都留着呢。"

朋友无语了。

朋友能有什么办法,朋友只好推荐刘过去找工作。

刘过眉头一皱:"打工是不可能打工的,这辈子都不可能给人受气的。"

以刘过的脾气,一般人当他上司,他当然不服,好在朋友有个极佳的人选。

这位人选叫作辛弃疾。

刘过一头雾水。

刘过说:"谁不去谁是孙子!"

那几年，辛弃疾还在当地方大员，提点刑狱，剿匪缉凶。

刘过前来拜访的时候，天寒地冻，他还破衣烂衫。

门人觉着来人是要骗吃骗喝的。

争执不休，直到辛弃疾走出门外，借屋内羊羹，给刘过出了道题。

让他写一首关于羊羹的诗。

刘过还在气头上，手抖，说："大冷天的，你不先给我杯酒喝吗？"

门人说："大人你看，这厮绝对是来骗酒的！"

刘过说："滚！"

辛弃疾失笑，说不就是一杯酒吗，天下士子就是都来骗酒，我辛弃疾也未尝请不起。

门人无语了。

刘过俩眼"布灵布灵"闪着。

那杯酒罢，刘过当场作诗：

拔毫已付管城子，烂首曾封关内侯。死后不知身外物，也随樽俎伴风流。

这首诗用了许多关于羊的典故，具体是什么，反正辛弃疾听懂了。

一声叫好，刘过热酒入腹，笑起来灿烂无比。

那些天是刘过最快活的时光,高声唱和,饮酒开宴,挥金如土,没钱了就去找老板蹭饭。

还能帮着老板,一起剿匪、平冤,只等来年北伐,光复中原。

只可惜,光复中原是不存在的。

辛弃疾叹着气说:"韩侂胄志大才疏,指望他北伐,还不如不伐。"

刘过有点蒙说:"大宋两百年江山,打个他小小金人,还有什么问题?"

辛弃疾没有回答他,只是抬头说:"天凉了,天凉好个秋。"

不久后,辛弃疾被贬,他辞职归隐,连带着刘过也只能去浪迹江湖。

临别的时候,辛弃疾还对刘过笑说:"以后你花钱省着点,别再老母病重,你想回去探望,却发现自己囊中羞涩。"

刘过又想哭,又想怒。

他想问凭什么,稼轩你地方为官,练兵擒贼,都做得这么好,凭什么是你要辞职归隐?

但他问不出来,他只能抬抬头,不让自己哭出来,然后对辛弃疾说:"天凉入秋了,稼轩你也好好保重。"

许多年后,刘过浪迹江湖,见惯民生,才终于明白当初辛弃疾的话。

大宋民生凋敝,军备不足,韩侂胄仍旧决议北伐。他不是为了光复中原,北伐不过是吸引热血士子的口号罢了。

208

那年刘过五十二岁,时隔二十年,重登武昌南山安远楼。

还是书生朋友相聚,有位黄姑娘在旁唱曲,众人听过他写给徐楚楚的词,便闹着让他再给黄姑娘写一首。

一切都像二十年前一样。

刘过沉默了片刻,点点头,写出首词来。

芦叶满汀洲,寒沙带浅流。二十年重过南楼。柳下系船犹未稳,能几日,又中秋。

黄鹤断矶头,故人今在否?旧江山浑是新愁。欲买桂花同载酒,终不似,少年游。

欲买桂花同载酒,终不似,少年游。

不久后,刘过病逝。次年,辛弃疾被朝廷复起,病逝途中。

只剩满目苍凉的江山,等着下一批少年。

五

从前有一个书生，原本家族里有伯父在朝为官，因不肯屈膝金朝，被幽禁在北，南渡之后家中又无田产，只能日复一日苦读，埋头在寂寞荒凉之乡。

就这么苦读了十几年，二十三岁的书生孤身进京，要去重振家声。

这会儿他才发现，今年的考生里卧虎藏龙。

有位看起来执拗坚定的中年人，人家不是屡试不第，而是根本就没来考过，当大家早早奔着功名而去时，他却为了给病重的老父尽孝，在家乡枯守了父亲十余年。

还有一位二十八岁的老哥，自认才学不足以在乱世风波中立足，闭门苦读，十年不出，也有另一个二十七岁的小哥，少年丧母，一路求学，最终纳浩然正气于胸中。

书生啧啧称奇，然后就发现了自己这次科考最大的竞争对手。

那人没这些龙虎之相，但架不住人家有个好

爷爷。

秦桧的孙子也在这一年科考。

绍兴二十四年的临安城里，书生咬牙切齿，暗暗发誓要把狗秦桧的孙子压下去。

我不管你是提前知道试题也好，或者有人代笔也罢，那都没关系。

只要我的文章贴出来，天下都知道你夺状元，就是本场最大的舞弊。

那年春闱，书生倾注心力，洋洋洒洒一万四千言，旁征博引，字字千钧，终于使得宋高宗也为之侧目。

或许是出于制衡秦桧的心思，也或许是为了给天下人一个交代，赵构真就点了书生为状元。

二十三岁的状元郎，书生一时间名动京城！

这个年纪的状元郎，还崛起于荒凉寂寞之乡，至今都没娶亲，自然就成了京城里最抢手的佳婿。

只可惜秦桧势大，最终挤走所有竞争对手，来到少年面前的还是秦桧党羽。

那人的话也说得很明白："你能得这个状元，是陛下一时恩赐，但陛下的恩赐也没法子左右大局，当初岳飞受到的恩赐不比任何人少，你懂不懂？"

少年不懂，少年说："什么是大局，秦桧就是大局？"

那人摇摇头说："你这还是年轻了，相爷一个人自然不是大

211

局,大局就是大势,大局就是朝堂里的衮衮诸公,大家都想要和,那和就是大局,大家都想要富贵,那富贵就是大局。我大宋既然与士大夫共天下,就要重士大夫的大局。"

"而相爷,不过是引领这个大局的人罢了。"

少年抬头看了会儿天,忽然低头一笑,眉眼里都是藏不住的锐利跟昂扬,他推开那人的手,说:"大局不是蝇营狗苟的诸公,天地有正气,大局是大道,请吧。"

那人冷笑一声说:"这是你自找的。"

当这人转身离去的时候,脑海中想的还是等这阵风头过了,等赵构的恩宠退去,再慢慢收拾这小子。

他没想到,秦桧也没想到,这少年不仅要招惹他们,少年自找死路,找得是如此轰轰烈烈。

二十三岁,刚刚夺得状元头衔的少年还没正式任职,就上了第一封言事的奏疏,没提别的,只是要请赵构,要请朝廷给一个人平反。

十二年前,有人冤死风波亭。

两年之内,敢发声质问的几乎都没有好下场。

于是十年之中,对此人的冤屈人人皆知,人人不言,直到二十三岁的少年状元一言道破。

岳飞忠勇,天下共闻,一朝被谤,不旬日而亡,则敌国庆幸而将士解体,非国家之福也……今朝廷冤之,天下冤之……当亟复其爵,厚恤其家,表其忠义,播告中外,俾忠魂瞑目于九泉,公

212

道昭明于天下。

这封奏疏震动朝野,但震动朝野之后,诡异的一幕发生了。

除了知道少年上过这封奏疏的同窗,他们聚在一起会为少年叫好,会为他振奋,提起少年的名字都忍不住多喝两杯酒。

其他人,竟都像是没看到这封奏疏一样。

少年的一腔热血丢进朝堂,连个响都没听到,大家置若罔闻,奏疏泥牛入海。

只有几个月后,少年忽然听人说家乡传来噩耗,自己父亲莫名其妙就卷入了杀嫂谋反的大案子里,被人擒入狱中。

连自己都被叩开房门,三番五次提去审问。

一夜又一夜的无眠,耳边都是主审的官员在念叨,说:"你爹今日又受了什么酷刑,倘若你真还心存孝义,就该给他个痛快,认了你们家犯下的案子。"

少年猛地抬头,四壁无人,窗外乌云闭月,虫声啾啾。

他又梦见了白日里的事。

到了这个时候他又岂能不清楚,自己的奏疏不是泥牛入海,至少扎到了某些人的痛脚。

于是这些人要不择手段,解决掉自己。

少年闭上眼,一边痛苦难当,一边又在次日太阳升起的时候深吸口气,往朝堂里踏。

有些事总要有人说,连我一个新科状元郎,万众瞩目之人都不说,那还有什么人,还有什么机会能说出来,闹出一点儿声响？

　　少年双目都是血丝，他想死就死吧，只是孩儿不孝，连累老父了。

　　这段浑浑噩噩的日子并没有持续多久，秦桧还没彻底动完手，就终于从这个世上滚蛋了，这位大宋第一奸相，卖国还引以为荣，跟金人联系密切还觉着自己曲线救了国，此时终于病逝京城，为少年换来了喘息之机。

　　正赶上赵构大肆裁撤秦桧旧人，这会儿他放眼朝野，才发现能提拔的人着实不多。

　　少年那一万四千字的科举文章，实在令赵构印象深刻，虽然为岳飞喊冤的行为有点儿跟自己叫板的意思，但瞅着少年这些天的压力，或许赵构是觉着他该成熟了。

　　遂大笔一挥，再次施恩，放了少年的父亲，又提拔少年当中书舍人。

　　负责给自己起草文书。

　　然而赵构万万没想到，不是所有人都跟他一样，被金兵追了一次，感受过生死之间的压力，就会被吓破了胆。

　　再说吓破了胆，变得怯懦起来，也跟成熟不沾边啊。

　　少年在京城这几年，还是一样的有豪侠风范，来往接济的人，一支笔互相唱和的前辈同辈，还有那些一心不死，热血不凉的志士。

　　正如被少年退婚的秦桧党羽所言，赵构的青睐，也左右不了大局。

更何况赵构本身也是这个"大局"之一。

这几年里嫉妒少年平步青云的人有之，痛恨他这么张扬热烈的人有之，反正一篇篇弹劾的奏章飞过来，赵构也不想忍了。

就此将少年罢官。

离京的时候，少年已不那么年轻了，二十八岁的年纪只能赋闲在家。

跟他同科的朋友也各有经历，那位坚定的中年人如今快五十岁了，出使了一趟金国，还在信里对他说金人备战不休，奈何我几次上疏，朝廷总是不理。

书生一边忧心忡忡，一边随时准备毁家纾难，提剑从军。

三十岁那年，书生跟朋友预料的境况终究还是发生了，金人大举南下，毫无防备的大宋急匆匆派人去挡，结果弃城的弃城，兵败的兵败。

兵马来得太快，书生还来不及动身去前线，就又听到了另一个消息。

他那位同科的朋友，五十岁了，去前线犒军，正赶上主将逃了，金兵要大举渡江。

朋友当机立断，越权督军，以少胜多打出了采石矶大捷，把金人皇帝完颜亮逼死在长江岸边。

这位朋友，正是虞允文。

闻信的书生又等了几天，一天比一天传来的情报多，他这才确信真的是天不绝大宋，这等时刻涌出了这等英雄。

书生大笑三声，当即写下一首脍炙人口的《水调歌头》。

> 雪洗虏尘静，风约楚云留。何人为写悲壮，吹角古城
> 楼。湖海平生豪气，关塞如今风景，剪烛看吴钩。剩喜然犀
> 处，骇浪与天浮。
>
> 忆当年，周与谢，富春秋，小乔初嫁，香囊未解，勋业
> 故优游。赤壁矶头落照，肥水桥边衰草，渺渺唤人愁。我欲
> 乘风去，击楫誓中流。

湖海平生豪气，关塞如今风景，剪烛看吴钩。

翻译翻译，什么叫漫卷诗书喜欲狂。

这场大胜之后，虞允文等人提议乘胜追击，恢复失地，朝中的主战派占据上风，书生又被人拎了出来，出任抚州太守。

那两三年是书生豪气最盛的两三年了。

刚到抚州的时候，职权交接还不太明晰，书生身为太守，屁股还没坐热，就听到街道上一阵喊杀。

书生翻身坐起，闲居这几年的梦中沙场在这一刻变成现实，他翻身起榻，提刀就往门外走，一边走一边问府中下人是什么情况。

府中下人也不清楚，只说："外面都是兵，不知要去抢什么。"

书生又问:"什么兵?"

下人蒙了片刻,说:"就是抚州城里的兵!"

书生再不多言,直接转身向后,下人眨眨眼,还以为太守是藏回去睡觉了,直到马蹄声从后院响起,下人才惊觉过来。

书生匹马单刀,目光如铁,冲出了太守府。

长街上到处都是乱兵,官员却不见一个,书生眯起眼,发现这些兵有同样的方向。

那个方向是武库。

真让这些士兵抢了武库,人手一把弩,那动静可就闹大了。

书生深吸口气,在夜里催马纵刀,大声疾呼说:"我太守也,尔等想反,先杀了太守再反!"

真碰见抢上了头的,书生也真敢出刀,他能感受到自己身体里奔腾而过的热血,他也见到了撞上自己目光的士兵如冰雪般消散。

当书生提刀勒马在乱兵最前方时,目光扫过,已无一人乱动。

这会儿书生还能从容问话,问出来是上官克扣军饷,当即大手一挥,令人去府库里取金帛一一分发。

分发金帛的途中,书生一一点出了煽动作乱的几个士兵,当场斩了。

这些人也不是没想过再行煽动,可金帛还在发,没人想跟他们作乱,书生望着这一幕,心中阵阵唏嘘。

其实大势所向，是有道理的。

就看如何引导这股大势。

随后书生又去平江府当知府，出手一样豪横，查处奸商，收缴米仓，待灾荒之时赈济灾民，活人无数。

只可惜这样的豪气生在南宋，迟早要被藏入鞘中。

那年孝宗主持北伐，书生也去给负责的将军出谋划策过，只是整场战事操之过急，先胜后败，被金人逼得再次签订合约。

将军在一切尘埃落定后设了宴席，他知道留给自己的时间不多了，无论是仕途还是生命，他想给这些主战派的年轻人一些后路。

书生也在这场宴席上。

只是书生不想要后路，他看着席间的歌，席间的酒，只觉得面前不该是这些东西，更该是刀剑胡虏肉。

这股悲愤之气推着他，从他的胸膛里蹦出来，使他临席赋了一词。

念腰间箭，匣中剑，空埃蠹，竟何成。时易失，心徒壮，岁将零。渺神京，干羽方怀远，静烽燧，且休兵。冠盖使，纷驰骛，若为情。闻道中原遗老，常南望、羽葆霓旌。使行人到此，忠愤气填膺。有泪如倾。

那位主持北伐的将军张浚听到这首词，一时恍惚起来，又

218

想起当年的岳飞、韩世忠,想起自己当初的怯懦与如今的无能,想起青春弹指老,终究一事无成。

张浚泪洒当场,不能自持,罢席而去。

次年八月,张浚离世,主和派开始清算主战的大臣,书生这么跳,文章诗词又这么好,当然也成了主要被打击对象。

之后的六年,书生辗转各地,终究没办法施展自己的一腔抱负。

那年他路过洞庭湖,在天地浩渺中短暂忘忧:

> 应念岭海经年,孤光自照,肝肺皆冰雪。短发萧骚襟袖冷,稳泛沧浪空阔。尽挹西江,细斟北斗,万象为宾客。扣舷独啸,不知今夕何夕。

这短暂的忘忧过后,书生还是不忘此生志向,在任地整顿军备,建仓储粮,却只等到了自己被弹劾问罪的消息。

当然这本来就是走个过场,书生上表自辩,完事再降一二官职就是。

但书生累了,他不想走这个过场了,他直接上表请求归乡侍奉双亲。

朝廷准了。

书生长叹一口气,怀着对世道的失望,回到了自己的故乡。

回乡之后,书生像是换了个人,或许是失去了自己的志向,或许是无奈无力太沉重，他感觉身体不太舒适。

回乡的第二年，他的朋友虞允文路过，要去京城跟皇上商讨大事。

书生送虞允文赴京，笑着说："什么大事啊？"

虞允文说："你知道绍兴和议吧？先帝签的，金人使者来送国书的时候，按和议内容应该由大宋皇帝跪着迎接，大宋乃是金国的属国。"

书生挑了挑眉，哂笑道："是啊，因为太丢人，还是秦桧替先帝跪的，后来你采石矶一场大捷，固然后面还是败了，但总是把藩属国的名头去掉了，成了叔侄之国。"

所以按这个说法，后世也有人讲，赵构这个怎么看都该叫完颜构的皇帝算不得开国之君。

南宋得从宋孝宗开始算。

宋孝宗也完成了书生刚中状元时上的那封奏疏，给岳飞平了反。

总之那天虞允文点了点头说："是啊，可惜接送国书的礼仪忘了改，真到金人来的时候，还是得有人跪着接，陛下想叫我过去，看有没有人敢去跟金国说，把这事给改了。"

书生眉头一皱，发觉事情并不简单，他说："为什么不敢？两国文书商议，金人还敢擅杀使者不成？"

虞允文叹道："可陛下不愿发国书商议。"

书生顿了顿，继而连干三杯，冷笑道："这是怕了金人，陛下不愧是先帝养出来的好儿子，自己不敢说，又不想太过耻辱，就派人去挑衅金人，是真怕大宋的忠臣死得不够多啊。"

虞允文能怎么办，虞允文也只能无言。

走的时候，虞允文拍拍书生的肩膀，劝他养好身体，日后未必没有北伐的机会。

书生答应着，在虞允文走后却又在烈日下饮了许久的酒，他在醉梦中想，就凭这样的朝廷，这样的皇上，能等到几时呢？

这年书生才三十八岁。

送走虞允文后，书生酒后中暑，一病不起，竟然就此暴卒了。

这个消息传到京城的时候，并没有引起太大的波澜，因为京城里几乎所有人都在为出使金国之事焦头烂额。

出使金国的名目已经定下了，是要索回北宋皇帝的陵寝之地，但谁都知道去的人还有另外一个任务，就是在没有文书的情况下，要求金人改变传递国书的礼仪。

这种明晃晃的挑衅，金人说杀真就杀了。

虞允文也不是没推荐人去，可被推荐的人只是一个劲儿的请辞，说："丞相你这就是要杀我了。"

这时节，没人关注书生的生死。

除了书生的那几个朋友。

当年他们的同科进士，还有一位闭门苦读十年，二十八岁的朋友，这位朋友沉浮多年，没有太跳脱的举动，也没有太夺目的举措。

直到书生死后,朋友来找虞允文,他说不如我去吧。

虞允文一头雾水。

朋友回头望了一眼书生的家乡,轻声道:"张孝祥死了,我很想念他。"

虞允文默然。

书生自然就是张孝祥,人称前承苏轼,后启稼轩的著名词人。

而他夺状元的那一榜,也有人说是南宋龙虎榜,这一榜上的人除了虞允文跟他,还有杨万里,还有这位即将出使金国的朋友。

朋友的名字叫范成大。

四十四岁之前的范成大,只有诗名流传,直到四十四岁这年,他主动请缨,接下了赴死一般的任务。

离京的时候,虞允文来送他,跟他以诗相交的陆游也千里迢迢赶来相送。

范成大只是笑,他说:"家中已无忧,我也有了子嗣,大丈夫能舍身报国,本就是一种幸事,又何必做小儿女态?"

虞允文说:"没事,我就是告诉你,你要是死在北边,我一定多撑着活几年,练出一支强兵找机会为你报仇。"

范成大一笑说:"我不死你也要练啊。"

陆游更简单,两手一摊说:"我没丞相的本事,只能印几本书,你要是死在北方,那就当我没说,你要是没死,这一路上多留心城池军备,民心山川,我给你刊印全国,日后但凡有人想要北伐,都要看你的书。”

范成大哈哈一笑,转身上马,在北风萧萧中去往旧日的汴梁。

曾经的东京已成了金国的南京,范成大一路走去,父辈们口耳相传的相国寺已萧条破败,再无游人如织的景象,断了几堵墙,随意摆放着金国贵人不要的杂物。

汴梁城里的人也不再穿大宋的服饰,口音渐渐变化,唯有朱雀门与宣德楼还在那儿,像是从没变过。

这是包拯走过的朱雀门,是苏轼眺望过的宣德楼,是柳永怅然不能去的御街,是王安石颓然回望的旧中原。

如今只剩下一些年迈的父老,悄悄来问范成大说:“王师几时能来啊?”

范成大望着这些人,热泪盈眶,久久无言。

范成大闭了闭眼,对此行更加义无反顾。

宋使来京,跟金使来宋不一样,范成大身上的国书、奏章,都要给金人先检查一遍,确保没有对金国不利的条文,才能准他三跪九叩,像孙子一样把国书呈上去。

范成大来此就是为了改变这种屈辱的国书交接礼仪,当然不会这么按部就班。

范成大连夜偷偷写了一封奏疏,藏在袖中,第二天晨光微亮,他推开房门,对一无所知的金人馆伴说了声:"走吧"。

今日事,无非一死报国恩。

当范成大把受过检阅的国书念完,请金国送还北宋帝王陵寝之地后,金帝也好,在场所有大臣也罢,都觉得这个过场走完了。

范成大深吸口气,又从袖中抽出了一本奏章。

金帝眼皮一跳。

范成大那口气吐出来,掷地有声道:"两国已无君臣之分,受书之礼却未曾更改,于理不合,臣有奏章,还请御览!"

这声音落下去,溅起满殿哗然。

金帝霍然而起,断喝道:"这是你随意献书之地吗?"

更不必说献的还是更改制度,压低金国国威的奏章,像金帝起身怒喝已经算是克制的,这么多年金人越发张狂,太子当场鼓噪,要杀了此人,以正天威。

满殿的谩骂与愤怒淹没了范成大,金帝深吸几口气,烦躁地挥手说:"你把奏章收了,该滚就滚吧。"

范成大仍旧高举奏章,动也不动,大声道:"皇帝不收奏章,臣便不离此地。"

这喊声里的决绝令金人愤怒,愤怒背后是潜藏着的惊惧。

你竟敢不听我的吩咐,竟敢违逆我的权威,你的翅膀这么硬,那我又算什么?

面对鼓噪的朝堂,金帝终究是个讲究人,两方刚刚罢兵,大宋既然能把君臣之分给打没，自然也打疼了金国。

这时候杀了这么一个明显要写进史书里的使臣，得不偿失。

金帝闭上眼，再次挥手，直接让武士把范成大拉了出去。

反正从长计议嘛，慷慨就义易，从容赴死难，你范成大还在汴梁这么多天，让你就范也不是什么难事。

只是金帝没想到，诸位大臣也没想到，范成大在金国一天，就不放弃把奏章递上去。

有人问他，你这是图什么呢，谁给你的这股子勇气啊？

范成大望着窗外的汴梁城，心头堵着口气，这口气蹿上双眼又落在喉间，最后变成了他笔下的一首诗。

南望朱雀门，北望宣德楼，皆旧御路也。

州桥南北是天街，父老年年等驾回。

忍泪失声询使者，几时真有六军来？

这一路的见闻，推着范成大去做这件注定没有结果的事。

或许也像是赌气吧，用自己的生死来赌一口气，范成大无比清楚，汴梁城的这一代父老已经不可能等到六军来了。

那他们至少能等到一个不计生死，跟他们同呼吸的大宋使臣。

最终金帝没办法，收了他的奏章，打发范成大回了大宋，只是事后写了信,仍旧没同意更改国书礼仪之事,但把北宋的帝王陵寝故地还了回来。

此后的那些年里,范成大也有机会主政一方,他一次次地救灾、治民、屯粮,尽心尽责做好一方父母官。

活人无数。

直到他确定自己看不到再次北伐的那天了,辞官退隐,在石湖过了十年闲居生活,六十八岁的时候,与世长辞。

回了梦中的汴梁。

第四部分

天光云影共徘徊：一隅江山里的持正坚守

从前有个书生，年轻那会儿总是豪言壮语，磊落不凡，与所有少年人一样。

少年总会被生活捶打，书生被捶打的时候，正是他最风光的时候。

那年书生中了进士，两位当朝重臣都看重他，要把女儿嫁给他。

同窗说："大好机会啊，你还犹豫什么？"

书生说："这两人贪赃枉法，巧言令色，我不想乘他们的东风。"

同窗叹息说："你这还是年轻了，你知不知道，你不乘这道东风，可不只不能平步青云，还会被他们打压，你一辈子都会湮没在历史的尘埃里。"

书生笑了笑，意气风发地说："那又如何？"

那能如何呢，也不过是被外派、排挤，天天当些主簿、司录之类的小官。

即便如此，书生还是彰显了主角风范。

那年秀州大水，民不聊生，朝廷的赈灾粮迟迟不到,押解进京的皇粮恰巧经过秀州。

书生对太守说:"开此仓,放粮吧。"

太守大惊失色说:"你不要命了,这是皇粮,没有诏命你也敢放?"

那年书生已经三十岁出头,他不再意气风发,风浪高跃在他的身后,他笑笑道:"放吧,我愿以一身易十万人命。"

于是书生站在风口浪尖,一力主持赈灾,秀州百姓泪落如雨,口称书生为:洪佛子。

后来秀州有兵变,叛军纵掠城中的时候,路过书生门前,叛将挥手,所有人齐刷刷在书生门前立定。

叛将说:"此洪佛子家也,不可入。"

或许是百姓的称颂,或许是太守的照顾,书生并没有被朝廷问罪。

奈何天下不太平,北方铁蹄南下,朝廷一退再退,疯狂南迁。

书生无语了。

书生忍不了了,他觉得朝廷这波操作宛如智障,开始疯狂上书,准备逆风翻盘。

朝廷表示:"嘻嘻,不听。"

朝廷被揍了。

朝廷抱怨:"天啊,后悔了后悔了。"

就这么着,书生终于又回到朝廷的视线里,先后被丞相和宋高宗赵构接见。

只是吧，那会儿的朝廷满脑子都是和谈，书生一腔热血洒出去，赵构兴致满满地说："你小子有才啊，能说会道啊，不如你去当和谈使吧！"

书生一头雾水。

赵构说："就这么定了，来人，给他加礼部尚书衔，出使金国！"

书生还能怎么办，书生只能去北方，北方烽火狼烟，到处都是刀剑，即便如此，书生还劝降了路上的两伙盗贼。

成功抵达金国。

只是金国都已经扶持投降的汉官刘豫，重新建立汉人国家了，国号齐，史称伪齐，金人满腹心思，就是要吞并整个南方。

书生待了一年，同僚苦不堪言，无时无刻不想着回到南方。

书生想，或许这辈子都回不去了。

不久后，金人果然开始对他们动手，让这群钦使去伪齐的政权里当官。同僚们战战兢兢，夹着尾巴便去了。

书生正举着大宋使臣的节旄说："我万里而来，奉命出使，不能迎先帝南归，已是一大憾事，不能杀逆贼刘豫，破其伪国，是第二大憾事。如今你让我去给他当官，与偷生狗鼠之间有何分别，洪某，就死也罢！"

金人大怒，放逐他到冷山之中。

冷山八月就会下雪，刚到冷山的时候，金人不给书生食物，也没有换洗衣服。冬日用粪便生火,亲自上山砍柴,摘野菜充饥。

金国王爷趁机拉拢他,给他锦衣玉食,还让他教授自己的八个儿子。那年王爷想伐蜀,从他口中探听消息。

书生笑了笑,那年他年纪不小了,仿佛已经看淡了生命中的一切,他说:"动兵残民,我死都不会告诉你半句话的。"

王爷大怒,说:"你以为我不敢杀你吗!"

书生笑着说:"我想我早就该死了,你们金国现在也是大国,擅杀来使多不好听。不如你把我推下水,说我坠渊而亡,怎么样?"

王爷能怎么办,他一个王爷当然不敢擅杀来使,惹出事来他担当不起,只能冷哼一声离开。

那些年书生在北方,凭记忆在树皮上写下四书,传给一个个部落和村镇。还倾尽所有,帮被俘虏流放来的宋朝官员家属脱离苦难。

大家闺秀,沦落为养猪少女,皇亲名臣,变成富商的奴隶。

书生奔走四方,营救足有数十人。

金人敬重他的气节学识,无数次想要重用他,他当年的同窗此时已经做了金国高官,也劝他不如留下来。

书生只是摇头,他说:"我要回去,我是大宋使臣,使臣如果都降了,这个国家未免也太不值一提了。"

终于,年过半百的书生等来了机会,金主生子,大赦天下,允许使臣回国。

留落十五年,书生又回到南方故里。

赵构亲自接见了他,书生救了那么多人,还带回不少军政消息,更是在北方期间,将赵构生母的音信传回,他来到京城,风头一时无二。

赵构说:"爱卿忠贯日月,志不忘君,虽苏武不能过也!"

记住这句话,记住赵构这个智障的大猪蹄子。

倘若故事在这里结束,那真是童话般的结局,奈何高宗朝还有一个丞相,这个丞相叫秦桧。

那些年在南宋朝廷,书生仗义执言,不知多少次得罪秦桧,于是一贬再贬,刚刚回朝一个月,就从中枢贬到了地方。

秦桧还说:"书生认识金国高官,听说二人曾经关系还很好,这是有二心。"

那个前几年还说书生忠贯日月,比肩苏武的赵构,竟然就信了。

随后这位志不忘君的书生,在六十多岁的时候,被贬到了满是瘴气的偏远地区。

偏远地区,还有小吏折辱,杀他家仆,罗织罪名。

有时书生也会回想,自己究竟是现在的日子更惨,还是在北方的日子更惨。

他笑了笑,算了,这些都无所谓,这辈子俯仰无愧就是了。

那年秦桧有些失势,书生也得到平反,在回乡的路上病逝了。

书生叫作洪皓，他有三个儿子，后来全都做到了丞相衔，三子洪迈，写了《容斋随笔》。

人称：一门四学士，父子三相国。

那些年的越过山丘、无人等候，都在书生的俯仰无愧里，一笑而过。

从前有个书生，刚学会说话的时候，他爹就指着天教他。

爹说："这是天。"

书生说："天。"

爹又指指地上："这是地。"

书生还在抬头看着天。

爹无语了。

爹想：完犊子了，反射弧这么长，怕是个智障吧。

过了很久，还是个小孩子的书生才问出句话："天上边是什么？"

爹一头雾水。

爹想：这才几岁啊，就开始十万个为什么了？

虽然这样想，但有求知欲是好事，爹就开始教书生读书，什么道家、儒家、佛家都教。

后来熊孩子们聚在一起玩沙子，书生就在旁边孤独地画画。

爹就很奇怪，说："你画啥玩意儿呢？"

书生侧开身子,沙地上一张贼标准的八卦图。

爹无语了。厉害厉害。

这个爹回家给自己好基友写信,说:"哈哈哈哈,我儿子是个天才!"

好基友无语了。

"是是是,你厉害,你最近在朝廷小心点,我听说有人盯上你了。"

爹浑不在意:"盯就盯呗,我还怕那些个小人吗?"

好基友能怎么办,只能说:"行吧行吧,反正你死了,汝妻子吾养之。"

那年南与北正分裂,奸臣与昏君谋杀忠良,还要与北方议和。

爹站出来,力言不可,遂被贬,还没到被贬的地方,就死在了半路。

这年书生十三岁,他爹告诉他:"没关系的,爹有个朋友,说好了要养你们,你去找他,告诉他,要是敢食言,我做鬼也要去请他喝酒。"

爹说:"啊,我死了。"

就这样,书生开始跟着他的义父生活,新的生活当然是可喜的。

义父这里有学问精深的老师,有可爱的小师妹,青梅竹马,一起长大。

只是偶尔在深夜无人的时候,书生抬头望着星空,还是会想起他爹。

想起他爹带他去游览王安石留下的踪迹,给他讲人心的欲望和人应该变成什么模样。

还有爹带自己在京城时,带自己见到那么广阔的天地,那样英雄的人物,岳将军也好,在战乱中从不屈服的文人也罢,爹爹就在这些人里谈笑风生。

自己站在一旁,从未有过的快活。

现在的生活当然很好,只是终究没有爹爹了。

师妹不知何时偷偷从门外探进头来,给书生递上一方帕子,书生就从哭泣中笑起来说:"师妹啊,你这样不合礼法的。"

师妹吐吐舌头说:"我只是不想让你一个人哭。"

书生心中一暖,像是天空中的星星落入师妹的眼中,继而又化作暖流,传入心里。

几年后,书生与师妹订婚,师妹当然是义父的女儿,义父看着这一对,笑得合不拢嘴。

那年的书生意气风发,觉得自己只要去京城,定然能高中。

只是命运对他实在是不公平,那年冬天,他父辈中的佼佼者,他的岳父、义父,病逝在了大雪之中。

他的义父叫刘子羽,年少时逢靖康之难,毅然弃文从武,曾率三百宋兵死守三泉,击退金人,也曾辗转多地,屡立战功。

后来一力主战,被贬后寄情山水。

义父笑着对书生说："这辈子能抚养你成人，也算不虚，你要记住，既然你想要做学问，就不要忘了自己此时的志向。"

"你要做圣贤。"

书生泣不成声。

后来书生给义父写过挽诗，诗曰：廊庙风云断，江湖岁月侵，一朝成殄瘁，九牧共沾襟。

十八岁，书生进京赶考，一举考中。

只是书生的运气实在是不太好，他从父亲和义父那里学到的气节，让他不可能主和。

要一雪国耻，打得过就战，打不太过就守，和是什么玩意儿？

然而书生摊上两个主和的丞相，迎接他的就是疯狂被贬。

师妹就劝他："没事的，我们对得起自己就好。"

书生就笑说："放心吧，总不能让你嫁给一个小人。"

那些被贬的年头里，书生也没闲着，身为一个学者，办教育开讲座，肯定是基本操作。

但还有些非基本的操作，很让人感动。

书生一心扑在社会保障制度上，有了什么天灾人祸，朝廷不管，他拼了命也要管。

百姓的命，岂能不是命？

当书生发现自己的力量最多只能管一地，并不能让整个社会的保障救济制度好起来。

他就开始上书。

这世间的福利制度，多的是你把钱捐给养济院，最终都落到其他人手里。

毕竟穷人不算人。

而大宋朝已经算好的了，还有诸多的福利部门，放在其他朝代，连部门都没有。

书生觉得这不对，他对天子说："许多人堵住了您的耳目，莫大之祸，必至之忧，近在朝夕，而陛下独未之知。"

这么危言耸听，那天子当然不乐意，说："你要讲大宋完了？"

书生说："还不至于，但估计也没多少年了。"

师妹捂住了他的嘴说："别，这句就别往外说了。"

所以书生还是捡回了一条命，只是疯狂被贬，直到有会说话的朋友给他解围。

朋友对天子说："这世上就是有那么些人，您越骂他，他越觉得自己有了名声，您不如把他调到他想去的部门，让他给你出力，他就没工夫骂了。"

天子反应过来了："哟，机智。"

书生遂能去处理社会救济。

救济灾荒，卓有成效，天子都眼前一亮，觉得这个喷子真有点儿水平，要给他升官。

书生说："不行，不能升官，当地百姓没有推举我，我做得还不够。"

天子一头雾水。

反正书生就这个脾气，后来他终于得到了基层百姓的推举，天子赶紧把他调离基层，升官了，也开始进入天下人的视野。

这位书生讲学、救灾，每到一地，都微服出巡，与所有平民百姓聊天。

然后改革不合时宜的政策。

这其间书生也没忘了做学问，他这些年浮沉，学问更加精深，明白了什么叫为人之学与为己之学。

更明白了什么是天理，什么是人欲。

饮食者，天理也，美味者，人欲也。

夫妻者，天理也，纳妾者，人欲也。

存天理而抑人欲，则天下大同。

师妹说："你自己说的哟，不许纳妾！"

书生就笑，说："放心，我不会输给王荆公的。"

书生的朋友经常嘲讽他，说："你这就不行，一点儿都没有风流子弟的意思。"

书生就笑，说："风流也是人欲，饮酒也是人欲，你若是不风流不饮酒，或许早就能够领兵北伐了。"

朋友说："那若是不风流不饮酒，我岂能撑到北伐时候？早早就无聊死了。"

书生哈哈大笑。

只是师妹并没有陪伴书生太久的岁月，书生四十八岁，也就是刚刚接触社会救济那几年，师妹就已经离他而去了。

空旷寂寥的人世间，唯有学问陪伴着书生。

此后的许多年里，书生再未娶妻，也未纳妾。

那些年里，书生认识了不少人，接待过不少人，曾经有个家境贫寒的学子来找他求学。

这会儿书生住在山里，他习惯了用粗茶淡饭招待别人，就这样招待了这位学子。

学子愤愤不平，认为是书生瞧不起他，讽刺他穷。

书生一头雾水。

所以很多年后，这位学子就开始喷他，疯狂地喷他，有的没的全在喷他。

当然书生这些年也结了不少仇人，他在各地改革时，得罪了佛家的无数信徒。那些逃避赋税的，混吃等死的，都入了庙，书生强制遣散了许多尼姑、和尚，令他们还俗。

后来又有一任相国，主战，但结党营私，在军中掺杂耳目，只想着北伐有成就可以把持朝政。

书生连他也怼。

书生的朋友倒是愿意抓住这次机会，他说："无论如何，北伐总是好的。"

书生摇头说："这样的北伐，不要也罢。"

于是书生迎来了强烈的反击，那个自以为被羞辱的学子，此时已经是监察御史，历数书生的十大罪状，批判他。

说他勾引尼姑，纳尼为姜，不然凭什么要让尼姑还俗，还有自己的儿子都死了，儿媳突然大了肚子，你说这是谁干的，等等。

书生气极反笑，说："这样的罪名也有人信？"

但罪状里还有一条，说他把持言论，以言引政。

这条天子信了，定了书生的罪，那当然其他的言论天下人也就信了。

朋友说："这次你危险了。"

书生说："没事，辞官就辞官，但事情总要说清楚。"

于是书生写了一封表文说："你们传我，偷了别人的钱财，逼尼姑还俗做姜，这是蔑佛，可我又把学院给拆了，同时改成寺庙，那我到底信不信佛？还传我与儿媳的丑闻，原来这种公告天下的指责，是可以没有任何证据的啊。如果有证据，那想来你们都已经考证过了，所以才有脸这么言之凿凿吧？既然这些都不是假的，既然你们都考证的这么清楚，我还有什么可说的呢，我认了就是了。从此以后，我要对你们说：作福作威，总大权而在已；曰贤曰佞，付公论于得人。我便不再多说什么了。"

表上，书生辞官，撑着老病的身体回家讲学了。

朋友瞠目结舌，说："你写的什么狗屁玩意儿？"

书生无语了。

"这不是很清楚？他，他们捕风捉影，凭空捏造，脸都不要，我都说了啊。"

朋友说："你没说啊！你一直在反问啊，你还说你已经认罪了！"

书生无语了："我那是讽刺，讽刺不行吗？"

朋友说："你是不是傻，这年头你不加狗头，谁知道你是不是友军？"

书生无语了："那会怎么样？"

朋友叹了口气说："估计会有人说你已经认了罪，把你的污名告知天下，彻底搞臭你。"

书生笑起来说："只是这样而已啊。"

朋友瞪着他，说："什么叫只是这样而已？"

书生笑着摇摇头说："我这辈子不是没有污点，我也曾经先入为主，诬过一个妓女，我很后悔。但这是我的罪孽，是我修行不够，而不是我学问的罪孽。"

"只要我的学问还在，我的名声臭了，人死了，又有什么可惜呢？"书生淡淡地笑。

朋友拱了拱手，一杯酒饮下，说："兄弟，那我希望你的学问千载以后，仍旧有人记得。"

书生笑起来，说："不必希望，它一定会的。"

人生最后的那几年里，朝廷里的政敌果然大肆批判书生，把他的学问称之为伪学，限制他办讲座，也限制别人去听。

一时间，跟书生有过联系的人，纷纷避之不及。

世情冷暖，此时便都得见了。书生却似乎毫不在意，他拖着病体，努力将他的著作整理完成，对着窗外空荡的天地，一笑辞世。

书生想，师妹，我可没有食言，这辈子我只有你这一个女人。

存天理抑人欲，你也是我的天理。

那年朝廷里涌动着当权者的潜规则，不许人去给书生祭奠，门生故旧，鲜有人敢出头。

而书生的那个朋友，不远万里，劈风斩雪，非要当出头鸟。

朋友前来祭奠书生，一场痛哭，挥毫写文：所不朽者，垂万世名。孰谓公死，凛凛犹生。

这位朋友，当然就是辛弃疾，而这个书生，则是朱熹。

多少年的争论，笑着他的丑闻，谈着他的天理杀人，又有多少人愿意亲自去多看他一眼呢？

那些青史长河里的人，也都真切地活过啊。

看史书的时候，偶尔会看到特别熟悉的名字，而这个熟悉的名字给我的印象，往往与史书中大不一样。

有这么一个人，年少入仕，被派到基层去当县令。

当时那个天下吧，穷的厉害，百姓手里交不上税，国库还异常的空。

那钱能去哪儿呢？

还不是层层盘剥，都落进各种小吏的兜里了。

此人很敏锐，快速解决了小县城的这个弊病，后来见到丞相，丞相赋赏识他，说："东南竟然还有这样的人才。"

于是留京工作，时不时上俩折子，怼怼奸臣。

某次怼人的时候，怼得忘乎所以，说："你这个人简直就是指鹿为马。"

这就不太行，怼得不讲究方式方法，你说奸臣是赵高，那皇帝岂不就是秦二世？

皇帝显然就不高兴了，说："你滚犊子吧。"

是所谓，伴君如伴虎啊。

我们这位书生就很受伤，又去了穷乡僻壤提点刑狱，我也不知道为什么这么多人外放，都是去提点刑狱……

而又恰巧，提点刑狱的时候又会碰见叛贼作乱。

当然，这位书生是真的书生，武功不高，去平叛随时可能会死。

书生犹豫过，但他还是去了。

皇帝说："这是仁者之勇。"

或许是仁者之勇的加成，书生用兵稳妥，为人又正直，竟然深得士卒爱戴，率军把叛将给打回去了。

皇帝由此改观，觉得这书生能打仗，可以用。

把他又调去了北方，随时准备迎敌。

可惜那会儿当权的丞相虽然力主北伐，但专权无道，排挤良臣，倘若他真有本事也便罢了，偏偏还打仗贼蠢。

书生骂了半天，朝廷丝毫不理，于是心灰意冷，年纪又大，只好上书退休，拉着朋友一起隐居山林。

奈何几年之后，朝廷征召，朋友屁颠屁颠又跑去了。

朋友不仅跑，还喊书生，说："走吧，上班去吧。"

已是老臣的书生说："要去你去，我不去，去了生气。"

朋友苦口婆心，说："你想想《岳阳楼记》，想想吾曹不出如苍生何。"

老臣说:"不听不听,王八念经。"

朋友无语了。

朋友能有什么办法,朋友当然只能自己去上班,上班时候还听到老臣写了新诗。

江风索我吟,山月唤我饮,醉倒落花前,天地为衾枕。

自在得很。

每逢朝廷出了什么破事,老臣都会安慰自己,说:"不生气,别人生气我不气,气出病来无人替,我若气死谁如意,况且伤神又费力。"

老臣的晚年格言:人生只有一件事罪不可赦,那便是唐突辜负清风明月。

朋友能怎么办,朋友也很无奈啊。

不过还没无奈几天,朋友就蒙难了。

朋友不久前跟一位奇士结交,劝他克己复礼,不要天天想着北伐,国力尚不充实。

这话朋友自然也在朝中说过,朝中奸臣韩侂胄正想借北伐之势,图谋名位,必要除之而后快。

遂掀起党禁,要清算理学,连根拔起。

但凡参与理学的,都算奸党。

而朋友名叫朱熹,罪名便是"伪学魁首",遭逢连番打压,病逝建阳。

消息传来,老臣仍在山中,念叨着不生气,不生气,渐渐沉默下去。

那几年，党禁严苛，不允许给朱熹送葬。老臣年迈，离得又远，大抵是没有去的。

葬礼上门生故旧，到场寥寥，只有朱熹不久前结交的那个磊落奇士，是从千里而来，昂首阔步，无视朝廷封禁，痛哭长吟：所不朽者，垂万世名，孰谓公死，凛凛犹生！

这位奇士，便是辛弃疾。

几年后，韩侂胄解除党禁，起用辛弃疾，准备再度北伐。

然而军备不足，民生凋敝，所谓北伐不过是一场图谋名利的幻梦。

除非有奇迹发生。

金朝内部不稳，奇迹未尝不可能发生。

辛弃疾一声长叹，道男儿到死心如铁，终究还想试试只手补天裂，忧心忡忡里，他踏往赴任之途。

奈何六十八岁的辛弃疾病逝途中，再也没机会打出场奇迹般的胜利。

如今将帅无人，并不能更改韩侂胄北伐的决心。

那位隐居山林的老臣年近八十，缠绵病榻，此刻再也平静不下来了。

怒发冲冠，那把心火将老臣径直从病榻上烧起来，上奏朝廷，痛哭失声。

"韩侂胄奸臣，专权无上，动兵残民，谋危社稷。吾头颅如许,报国无路,唯有孤愤!"

隐居的这些年里,时局动荡如此,书生的心态几经变化,人唯一事罪不可赦,那便是辜负清风明月。

到头来,还是放不下家国社稷,天下苍生,唐突的风月闲散事,只能来世再还了。

那些折而不挠的道学,从不言弃的北伐,也只能等着下一批少年,再来指点江山了。

这位老臣又书十四言别妻子,笔落而逝。

其实这样一份简历不是特别出彩,但我们应该确实都听过他的名字。

　　小荷才露尖尖角,早有蜻蜓立上头。

这诗是他写的,老书生名叫杨万里。

在看到他生平事迹之前,我从来都以为杨万里是个山水田园诗作者,那种躬耕陇亩、笑傲江湖的学问家。

而事实上,临死的那一封折子,才是杨万里的本来面貌。

"吾头颅如许,报国无路,唯有孤愤!"

四

从前有个书生,正金榜题名,春风得意,忽闻噩耗传来,老父亲病重家中。

那会儿朝廷官员过剩,师父告诉他,你回家尽孝,便有可能再也不得录用。

书生沉默片刻,向师父一拜,毅然离京而去。

师父笑着送他,说:"今日,你正式出师了。"

此后九年间,书生沉寂乡里,潜心著书。

那年南方爆发民乱,悍匪成群,无人敢去赴任,这才空出职位来。

书生抖抖长衫,说:"臣愿赴任,为朝廷分忧。"

有人说他傻,书生不明白,说:"读圣贤之书,上报君王下安百姓,傻在哪里?"

那地方的长官,是提点刑狱的叶宰,听说此人此事,当即拍板重用书生。

半个月后,书生开仓放粮。

叶宰无语了:"大哥你这是什么状况,剿匪你放粮干吗?"

书生说："我在乱军之中走访半月，发现这里的盗匪其实不多，饥民流民才是盗匪主力，开仓放粮，会比大军围剿更有效。"

叶宰眉头紧蹙，书生疑惑，说："有什么问题吗？"

叶宰皱眉："你什么时候去走访的，多危险哪！来人，拨三百人去保护这小子！"

书生无语了。

书生笑了笑，能碰上这样的长官，是他人生幸事。

那些天里，书生赈济乱民，几天后书生觉着民心已定，盗匪军力不多，一挥手，又带着三百人去偷袭敌军大寨了。

叶宰听到消息大惊失色，心说我给你三百人，不是让你这么用的啊！

书生大胜而归，还斩了贼头子。

叶宰无语了。

叶宰哈哈大笑，一拳锤在书生胸口，说："你小子可以呀！"

书生平日里不苟言笑，此时一笑如春暖花开。

那会儿还有个将军，同样是奉诏讨贼，却怕盗匪太多，不敢进军。

见书生大胜，将军来了精神，只觉得盗匪都很菜，挥军就要硬上。

于是一场大败，将军连命都丢了。盗匪从此气势如虹，数量比从前更多。

朝廷按捺不住，派了个叫魏大有的人来。

彼时叶宰和书生正顺风顺水，书生用兵谋定而后动，每战必胜，颇有大将之风。

魏大有至，笑嘻嘻找到书生，说要跟书生商量件事。

书生还很奇怪，说："大胜在即，又有何事？"

魏大有说："你有没有发现，你每次剿匪出战，都是三五百人的小战，这样的功绩你得不到升迁，史书上更不会留名，不如……你莫再赈抚，最后一战，我们大杀四方，杀几千颗头颅，该能让我们名扬四海！"

书生的眼神越发锐利，魏大有却更加振奋，他说："名扬四海，步步高升，我们才能有机会一展雄图，这也是为了江山百姓啊！"

书生拍案而起，定定看着魏大有。

书生一字一顿，说："魏大人，人命大如天，冤魂不安哪！"

魏大有一怔，书生冷哼一声，拂袖离去。

那年，书生还是只带三五百人，平定了连绵数县的盗匪。功成之后，叶宰升官调走，书生还只是个小小主簿。

魏大有成了书生的顶头上司。

魏大有说的不错，书生这份功绩，没能上宋史，还升不了官。

或许唯一有结果的，就是少死了许多的人。

魏大有嗤笑，说："这种结果，不过如一场笑话。"

书生就叹气："以魏大有的为人，迟早会把这里的百姓再度逼反。"

魏大有面无表情,默默罢免了书生。

不久后,果然是乱民复起,盗匪猖獗。魏大有满脑子都是乱世出英雄,却无比平淡的死于贼兵之手。

朝廷又派人来平叛,这次是名臣陈韡。

书生的师父与陈韡有交情,把书生推荐出来,领兵作战。

那年书生"提孤军从竹州进,且行且战三百余里",军中将领无不心服。

终于,书生因军功受人赏识,一步步从县令做到了提点刑狱官。

这些官职都算美差,同僚纷纷恭贺,说:"你的苦日子算是到头了。"

书生就笑着回复,说:"可惜宋某过惯了苦日子,还真不知美差该怎么当。"

那年他提点广东刑狱,衙门里的人都懒散,他刚赴任的时候,两百多件案子悬而未决。

衙门里的人毕恭毕敬伺候着,说:"您老有什么想逛的,想玩的,都随您。"

书生恍若未闻,只翻着案卷,说:"有这么多人死得不明不白,本官还能去哪儿,只能是坟堆墓前,开棺验尸。你们……谁陪我去?"

那会儿仵作这种活儿,都是下贱工种,没人看得起,官员都笑,说:"大人这是开玩笑呢吧。"

书生一拍桌案,陡然变脸,说:"开玩笑？ 你们尸位素餐,枉法渎职,这都不是开玩笑,本官去勘验受害人,反倒成了玩笑?！"

冤魂在下,皇天在上,究竟是谁活上一辈子,都给活成了玩笑？

八个月间,书生亲自验尸验骨,案发现场里搜集证据,公堂之上洗冤昭雪,将两百余件案子一一审结。

百姓为之动容,天下尽知宋青天大名。

不错,这位领兵作战的书生,正是写下《洗冤集录》,开法医先河的大宋提刑官——宋慈。

或许是审案太多,又或许是那个世道太浊,宋慈怎么审也审不清楚。

那年他头疼病发,与世长辞。

《宋史》里没有他的列传,书生奔波在百姓之间,为一条人命而执着,未能建功立业。

好在,历史的魂魄永远不仅只在书中,它长久的存于人心之内,天地之间。

千载之下,不曾磨灭。

网上能找到清代藏书家写的《宋史翼》,只看到影印版,竖版繁体无标点,里面有宋慈的传记。

书生坐在灯火飘摇的房间里，胸口附近似乎有一团气，这股气横冲直撞，让他想咒骂所见到的一切，砸碎所见到的一切。

咒骂灯火，咒骂书卷，咒骂城里的守军，咒骂城外的金兵，还咒骂自己的祖宗。

本来一切都好好的，他隐姓埋名，当一个最普通的读书人，在边陲小镇当通判，不会有人询问他的身世。

但是金兵南下，一切都变了。

书生永远记得那一天，十万金兵要南下攻宋的消息传来，城里鸡飞狗跳，到处都是收拾行李的富商和拖家带口的小贩。

都要逃。

这座城池的守卫者是一名老知州，知州七十岁了，今年正好该调职，回江南温柔乡里颐养天年。

结果就碰见了这档子事。

朝廷派来的新任官员，眼看是不来了，估计得到消息，已经半路逃走。

书生望着老知州，说："不如您老先走吧？"

老知州摇了摇头，烽火飘摇，春草初生，他说："我是个读书人，驻守边疆，守到两鬓斑白，二十年都待在这座城里，不想走了。"

我已无所求，独欠一死而已。

老知州对书生说："你们想走，就先走吧，等战端一启，老夫便不许任何人私下出城了。"

书生还年轻，书生才二三十岁，他从江南而来，知道武林城的风味，西子湖的暖风。

但书生还是留了下来。

那天校场上站满了人，无论是即将征战的，还是运筹后方的，都等着老知州记录在案。

老知州说："百年之后，就凭这点笔墨，让人们记得我们。"

他仔细问着所有人的家世，问到书生的时候，只等来长久的沉默。

老知州抬起头，看见书生望着天空，长长吐出一口气，像是吐出十年来的冷眼嘲笑，风雨寒霜。

书生说："我叫秦钜，三尺微命，一介书生，曾祖父……秦桧。"

校场上哗然一片，这片哗然像是无风而起的浪，一浪浪涌出校场，涌进城里，书生无论走到哪里，都能听到背后的指指点点。

人们说,他留下来,一定别有用心。

老知州来看过书生,说:"人心如此,不要太放在心上。"

书生笑了笑,说:"我早就习惯了。"

当老知州走后,书生脸上的笑容又消失了,他的确已经习惯了,但还远远做不到宠辱不惊,仍旧想着漫天的咒骂。

而他又不能咒骂,因为他要做一个顶天立地的书生,不是一个怨天尤人的秦桧后人。

飘摇的灯火也灭了,夜色渐渐浓重,窗外听不见一分声响,书生夜不能寐,不知道明天会迎来什么,也不知道未来究竟会如何对待他?

他深吸口气,正准备给自己打个鸡血,等明日好好思索守城对策。

砰然一声,有人砸了他家的窗。

书生无语了。

书生坐起身来,心想算了,不睡了。

那些天里,书生给老知州出了许多主意,他说:"金兵南来,势必要渡过湟水,想要守城,第一件事就是断了湟水上的桥。"

老知州说:"你们怎么看?"

一群将领面面相觑,虽然书生说的很有道理,但总觉得会有阴谋。

自从知道书生是秦桧的曾孙,怎么看怎么都像大灰狼。

老知州一拍桌案,朝那群将领喝道:"既无人有异议,那秦钜的方略,就是老夫的方略,若有行事不当者,军法处置!"

将军们吓了个激灵,纷纷表示效命,书生望着老知州,心里那团气,就悄悄散了不少。

断桥之后,就是趁金兵渡河一半,战力薄弱之际出击,几次三番,杀败金兵。

老知州还满面红光,设宴给书生庆功,推杯换盏,书生双眸亮得如同天外星辰。

有那么几个瞬间,书生忽然觉得,未来都会好的,明天都会亮的。

可惜从始至终,他的生命里都只有一个太阳。

不知是哪里走漏的风声,金兵得知守城的是秦桧后人,欢天喜地发来劝降信,委以高官厚禄。

书生一把火烧掉了信,却烧不掉人们心里的信。

这时候书生还没意识到什么,他仍旧在出谋献策,布疑兵,绝湟水、烧战楼,孤城一座竟然在十万大军的围攻下,守住了一个多月。

那晚书生回家,还踌躇满志,如果他能再创张睢阳的辉煌,守个一年半载,金兵一定会粮尽而退。

月影凄迷,书生眼前一花,几个领兵的小将突然窜出。

小将笑着说:"秦大人,劳烦您指条明路,该怎么去金营,才能捞一官半职?"

书生一头雾水。

又有小将说："秦大人您就别装了，您是秦桧的后人，这城池肯定守不住了，你就没想过后路吗？"

那团气又涌了上来，书生想破口大骂，却又不知要骂些什么，他说些与城池共存亡的话，也不过换来几个小将的冷嘲热讽。

一切都像从前一样，不会有丝毫改变。

那一夜，这几位小将还是跳城而逃了，城外传来消息，金兵又攻克了其他城池，聚兵二十万，要拿下孤城。

人心惶惶，到最后都找到了宣泄口，替罪羊。

人们说，就是因为秦钜，我们才会死在城里。

彼时书生仍旧穿着一袭白袍，在城墙上下奔跑，还设计夜袭，筹划出兵线路。

书生滔滔不绝，老知州一声叹息。

老知州说："这些天苦了你了。"

书生停了一停，抬头冲老知州笑道："无妨，反正我也是没有明天的人了。"

那年城破，老知州拔剑巷战，在烽烟残垣之中，力竭自尽。

书生遥遥望见，心想："我命里的太阳灭了。"

于是书生奋力出刀，杀出一条血路，在府库里点起一把火，他身着白袍，赴火而死。

有老卒见了书生，怔在当场，说："原来秦钜真的要死。"

他猛地冲进火里要把书生救出来，书生只是笑，说："不必了，想活命的自己逃吧，我去哪里都是一样的。"

白衣就焚而死。

书生名叫秦钜，老知州叫李诚之，《宋史·忠义传》有录。

从前有个风尘中的姑娘,才貌双绝,总会有书生不远万里只为见她。姑娘早习以为常,带散淡地笑,低吟浅唱,陪酒填词。

早些年间,姑娘还曾想,能遇见一个真愿意彻夜讨论文学的书生,愿意倾尽家财帮她从良脱籍。

几年过去,少女的幻想也破灭了。

风尘中混的,说是卖艺不卖身,其实姑娘也常碰见些公子书生,邀她回家小聚。

美其名曰彻夜讨论文学。

最后还不都是讨论到床上。

那天姑娘照常去某官员的宴会上陪酒,里边有个姓唐的,兴致起来,便叫姑娘以桃花为题,作词一首。

席间众人都听过姑娘才名,当场轰然叫好。

姑娘神情散淡,随口吟词:道是梨花不是,道是杏花不是,白白与红红,别是东风情味。曾记,曾记,人在武陵微醉。

众人纷纷叫好，赞姑娘才思敏捷。

唯有老唐神色惊异，他叹了口气，让人给姑娘赏了两匹帛。

姑娘抬头望着老唐，她看着那两匹帛，道了声谢。老唐笑了笑，说："没什么可谢的，有的是可惜的。"

姑娘眉头一动，心里说，这人是个知己。

刚才那首词说的是桃花，也说的是姑娘自己，不是梨花，不是杏花，正如姑娘的身份尴尬，别有东风情味，却只能在武陵微醉。

武陵是陶渊明的桃源，那会儿的文人喜欢用桃源来代指青楼，姑娘这首词一语双关，却只有老唐叹出气来。

姑娘记下了老唐的名字，后来常与老唐诗词唱和，老唐也逢人就夸，说这里有个青楼女子冠绝当世，才华不输翰林学士。

那些年里，给姑娘砸钱的人更多，有人包下姑娘几个月，几乎倾尽家财，姑娘的神情始终不变，笑得散淡标准。

但真让他们帮姑娘从良，不存在的。

姑娘看得通透，时常跟老唐说："你们男人都是垃圾。"

老唐说："别扯上我啊，我可没跟你探讨文学直接探讨到床上。"

姑娘有时也会笑，说："那你这是干吗呢，到处夸我，给我拉客吗？"

老唐说："这世道存天理灭人欲，你这身份能用人欲换俩钱，就挺不错了。"

姑娘莫名恼起来,说:"我怎么了,这怎么就挺不错了,我就不能从良浪迹江湖吗?"

老唐说:"你一个姑娘家浪迹江湖,怕是会被拉走变成压寨夫人。"

姑娘突然道:"那我跟你浪迹江湖,行不行?"

老唐沉默下来。

半晌过后,姑娘失笑,说:"我逗你的,我这么好的姑娘你都不跟我在床上探讨文学,我猜你大概是不太行。"

老唐也笑,说:"是,是我不太行。"

那天老唐临走的时候,在门口一停,突然低声说:"其实我是真的不行,倘若我能不管所谓的前程,不管我爹娘的偏见,我本该行的。"

可惜了。

老唐离开之后,姑娘望门外风雪,眸子里的光彩一点点黯淡下去。

姑娘喝几口酒,对镜梳妆,无声微笑落泪。

只是姑娘没想到,她刚刚准备继续生活,就有官府的人上门,要拿她归案。

姑娘一头雾水。

原来老唐被人告了,老唐天天怼朱熹的理学,被朱熹告了。

罪状里面有一条,是与姑娘乱交,有伤风化。

遂把姑娘抓进牢里,一顿审讯。

姑娘说:"我与老唐清白如雪,君子之交。"

官员放声大笑,说:"一个青楼女子,一个好色之徒,竟然是君子之交?"

说书人讲,那些个官员都说姑娘有色必然无德,青楼从来苟且,为了标榜自己卓尔不凡,从未有伤风化,用刑更狠。

姑娘遍体鳞伤,在牢里气息奄奄。

那天有牢头受了指使,诱姑娘早早招了,说:"你是风尘中人,就算跟太守有乱,那你也没多少罪过。"

姑娘气息微弱,斜靠在铁栏杆上,语气平静淡然:"你说的我都懂,只是这世上终究有是非真伪,我不能用假话去污蔑士大夫。我死也便死了,这条命从来没人在乎,给了老唐,也算不枉此生。"

那天夜里,牢头向官员回报之后,又将姑娘的话传了出去。

酒酣耳热,牢头掷杯脚下,说:"这姑娘真是天仙般的人,我看她说话,就像是十几年的风霜缓缓吐出来,从此超凡脱俗。"

牢头说:"不能让这样的姑娘死了。"

姑娘的话越传越广,随后几次过堂挣扎在生死之中,声望却更高,甚至惊动了宋孝宗,特地派来官员提点刑狱,重审姑娘。

官员乃是岳飞的后人,秉公正直,望着姑娘怜惜叹气,说:"你今后打算怎么办?"

姑娘拖着一身伤痕望了望天,又写下首词:

不是爱风尘,似被前缘误。花落花开自有时,总赖东君主。

去也终须去,住也如何住?若得山花插满头,莫问奴归处。

这是想离开风尘,隐居山野,遂当堂释放,岳大人又给姑娘脱去贱籍。

那天绍兴细雨如织,枝影横斜,有个姑娘自牢中而来,半生铅华洗尽,宛如一道刀意贯穿整座绍兴城。

姑娘闭户不出,天下间的书生纷纷上门,但求一见,即便不能相见,也会送上厚礼。

只是老唐却一直没来,或许是为了避嫌,或许是不知该如何面对。

姑娘或许也曾在心里画地为牢,想过一生能有过一个知己,青灯素衣便也足够。

好在命运还是没有薄待她。

那年有个丧妻的皇族,在姑娘附近饮酒悲歌,二人相识相知,谈起前尘往事,最后某月某日,不知谁先提起:不如,我们一起来过下半生吧。

姑娘和皇族都笑了笑,过往风轻云淡,还有大好的岁月,等姑娘前去踏足。

皇族碍于身份,只将姑娘纳了妾,不过始终不曾续娶,他问姑娘:"这样行吧? 不行我再想办法。"

姑娘一笑,想起风雪里远走的老唐,她说:"不用的,我不在乎的。"

姑娘叫严蕊。

那些年的传奇都在心里埋葬,画地为牢的人走出来,见河山大好,云起烟高。

从前有个书生，进士出身，干的是御史之类的活儿，正赶上秦桧专权，排挤朝臣。

那书生的日常肯定就是骂秦桧。

秦桧当然也很烦，秦桧给自家亲戚走点儿后门都被这书生揪住不放，一连喷了很多天，甚至还真把宋高宗"完颜"构给喷得动摇了。

秦桧咬牙切齿，必要杀之而后快。

那怎么搞死他呢？正好赶上某个偏远地区有暴动，贼兵好几万人，秦桧就压下来没有上报，并把书生给调过去管事。

估摸着书生快到地方了，秦桧生怕他不死，又把当地的驻兵给调走了。

秦桧心想：这你总该死了吧？

当时我也是这么以为的。

书生到地方之后，才发现贼兵已经猖獗起来了，不少官员都被砍死，他要是敢上任，上去就是个死。

也不是没人劝过他，说："君子不立危墙之下，这显然是个坑,你跳进去人可就没了,这会儿回去也就是降一降官职,迟早能再立足朝堂。你想想,立足朝堂,多喷一喷秦桧,是不是更有用些?"

书生听着这话,莫名回首北望。

感受着脸庞耳畔掠过的风,风里似乎还带着点儿汴京繁华的丝弦声,书生沉默片刻后,又对朋友说:"大宋沦落至此,恰是太多人不立危墙之下,我从北方苟活而来,从今往后便是有进无退之身。"

书生没走。

贼兵的大本营在茶陵,书生振衣而起,就孤身驾车,长驱直入,抛下南方温热的风与北方繁华的梦,凭一腔血勇叩开茶陵贼兵的大门。

贼兵面面相觑,不知这位新来的提刑官是怎么个说法。

那天书生径直走进茶陵大营,说要跟贼首谈谈,这些贼兵当然也不只一个首领,什么大当家二当家,外加几个冲锋陷阵的悍将,都是有讲究的。

这群人坐定了,目里都闪着寒光,瞅着书生等他的高见。

想来如果不是高见,那书生想大摇大摆地走,恐怕就不是那么容易。

其实书生也不是什么高见,他只是开诚布公地谈,说:"我知道你们起事是因为活不下去,但活不下去就拿起刀兵,是从死路走到死路,大宋官兵何止十万,真要打,凭你们这几万人,能挡得住多少？"

　　道理是这个道理，但贼首都是摸爬滚打，血海里趟出来的，你说投就投，凭什么信你啊？

　　书生摊开手，目光灼灼，写满了诚恳，说："其一，我是进士出身，孤身来此，不可谓没诚意；其二，想来这几日你们应该也发现了，周边的戍卒都已经抽调离去，这正是我赴任之前便与朝廷商谈好的，要给几位一个弃暗投明的机会，这便是朝廷招安的诚意。"

　　"这两个诚意，我想分量不轻，倘若错过了这个机会，恐怕抽调走的戍卒再回来，就是十万大军。"

　　书生侃侃而谈，把秦桧陷害他的手段指鹿为马，谈成了朝廷招安的诚意。

　　秦桧一头雾水。

　　秦桧说："我不是，我没有，别瞎说啊！"

　　反正无论如何，贼营里的几位头领是信了不少，不少人都觉得就此受了招安是最好的结局，唯独有个冲锋陷阵的骁将上蹿下跳，一会儿说我们大秤分金，大碗喝酒，想杀谁就杀谁，多么痛快，回去给朝廷的人当狗，任人鱼肉，老子不干。

　　这骁将一会儿又说，想想前朝那些受了招安的，被狗官派去南征北战，还不是难逃一死？

　　这人跳来跳去，跳得书生眼花缭乱。

　　书生眯了眯眼，说："这位头领想来是放不下如今的生活，放不下只要会劫掠就能高人一等,只要懂杀人就能作威作福,是不是?"

这骁将冷冰冰瞅着书生,说:"狗官,你还敢跟我说话? 我平生最恨你这种读书人,要不是几位哥哥都在,我今日就砍了你。"

几位头领纷纷来劝,书生望着那人,忽而一笑。

茶陵起了一阵北风。

书生一笑拔剑,清鸣卷起北地的秋风,靖康的血,眨眼间抹过了那骁将的咽喉。

茶陵的贼寇大营里刹那间鸦雀无声,落针可闻,几息过后才听到一阵阵手忙脚乱的刀剑出鞘声, 可这些声音很快又被盖过去了。

书生提剑独立,目光如刀,扫视众人,大声道:"朝廷非止有诚意,还有刀枪!杀了本官,迎十万大军进山,剿尔等一个干干净净,还是就此回头是岸,归降朝廷,尔等好生思量!"

望着半身染满鲜血的书生,又看着倒在地上,没撑过书生一剑的骁将,在场的茶陵贼寇心中不由得升起同一个念头。

"像他这样的人,朝廷还有多少?"

就这么几刻的犹豫,原本就想着归降的首领里有人当先丢了刀,接着便是哗啦啦一阵响,人们齐刷刷归降了书生。

史称:"乃单车趋茶陵,擒贼骁将戮之,收贼党……谕以朝廷抽回戍将,务欲招安,宜亟降,待以不死,(贼首)相继降。"

绵延许久,合兵数万的叛军,就被书生一人一剑平定了。

我无语了。

我估计秦桧的反应跟我差不多……

之后这位雷厉风行的书生又温柔起来，投降的贼首里有人可太想进步了，过来劝书生，说："我能帮你练兵，这些兵我还能练出一万精兵，助辛提刑成就大功。"

书生一笑，说："既然受了招安，这里便没有兵马，只有子民，不必拿刀拿剑，都去地里干活儿吧。这里有我，不会再让你们没了活路。"

呼啦啦，几万人的叛乱就烟消云散了。

翻译翻译，什么叫谈笑间强橹灰飞烟灭。

其实当时很多人也都被书生所震，都问他为何这么文武双全，书生没有多说，只是再一次北望中原。

是啊，书生也从北方来。

那年书生才二十岁，刚刚中了进士，还没在汴梁的繁华里度过几个春秋，就发现京城之外的江山里满目疮痍。

当时书生深吸口气，还觉得一切来得及，大宋江山还能从自己手中再度振兴。

反正北边的大辽也一样烂嘛，时间终究还是有的。

只是书生没想到，几乎所有大人物都没想到，女真人忽然杀了出来，而大宋的两任帝王竟然如此怯懦自私，大宋的文官武将能内斗成这副鬼样子。

一朝汴梁梦破，金兵跟遍地冒出的贼寇奸淫掳掠，靖康之辱刻入每个读书人的骨髓。

也刻进了书生的骨髓。

从那时候起，书生便不想退了。

南渡过程中没人愿去抵挡乱匪的兵锋，那书生就请命而去，当书生抵达城池的时候，发现城池已经被攻破了，一群士兵茫然无措，随时要跑。

书生大步流星，冲进瓦砾之中，就坐在残垣断壁的高处，大声呼喝，调兵遣将，豁出性命请军民维持一时之局势。

激起当地军民的求生之心，硬是在他调配之下挡住了叛军。

过了几个月，有个名将韩世忠击破乱军，乱军想从他这边开溜，被他操练了几个月的军民顿时万箭齐发，把乱军赶进水里，生擒了对面五个首领。

只可惜韩世忠能光复书生驻守的州县，岳武穆却没法直捣黄龙，克复中原了。

风波亭后宋金议和，书生几次三番大骂，在朝廷里指着和议说金人狡诈，说宋高宗赵构自降万乘之尊以悦敌国，实在有负天下。

之后书生就再没被重用过。

再往后的故事，就是大骂秦桧，被秦桧设计陷害，却没想到书生白衣长剑，硬是平定了长沙大乱。

书生熬了几十年，熬死了秦桧，熬死了赵构，终于等到宋孝宗上位,提拔他为副相,参与朝廷北伐大业。

奈何宋孝宗年轻气盛,急功近利,北伐的将领仍旧免不了北宋末年互相争权夺利,无法联合作战的旧毛病,书生瞅着这熟悉的一幕幕,屡次上疏,请北伐之军要步步为营,不可贪功……却无人在意。

终于一场大败,葬送了书生还于旧都的美梦。

几年后,无心朝政也无梦可做的书生也到了魂归九泉的时候,七十九岁了,他撑了这么久,还是没能撑到回家的那天。

书生叫辛次膺,史称:次膺力排群邪,无负言责,南渡直言之臣,宜为首称。

第五部分

万里江山知何处：这半壁江山也不会太久了

从前有个书生，天潢贵胄出身，白衣飘飘，满腹经纶，像极了小说男主。

我从史册里见到他的那年，还是高中时节，我那会儿中二，迷茫，觉得世界之大，天地玄黄，自己无比渺小，那应该怎么办呢？

我见到跟我一般年纪的书生读罢一篇文章，楼头飞雪，窗前明月，各种景象落在他的面前，他走进这些景象里，喟然叹息，说："大丈夫得汗青一幅纸，始不负此生。"

这话令我从高中记到现在，十余年的光阴过去，我掉头回去，再找这位书生。

无独有偶，我就发现他跟我现在差不多的年纪，二十六岁，成了大宋状元郎。

我无语了。

这么一位意气风发，且热血澎湃的少年郎，理应有一段很辉煌的故事。书生确实也没有辜负自己的设定，他一个皇亲国戚，夺了状元没人质疑，一路做到宰相也没几人质疑。

政敌质疑之下，那位编了《九阴真经》的黄裳跳出来大骂，说："书生忧国爱民，出于天性，嫉贤妒能者不可不黜！"

于是书生的政敌反而被贬了。

天下人都觉得，书生就该是状元，书生持身清正，浩然正气，他就该是宰相。

除了书生命中注定的那个反派。

反派也是皇亲国戚，只不过没书生的身份高。

这么说吧，书生姓赵，那是货真价实的天潢贵胄，反派连考科举的本事都没有，凭自己姨妈是前朝皇后，才谋了个出身。

反派连出身都很反派，外戚嘛。

只是命运机缘巧合，把书生和反派推到了一起，让他们不得不合作，去完成一件大事。

那时候书生已经用计离间过诸羌，不费一兵一卒平定了边患，回朝又以众望所归逼退政敌，成了当朝副相，而反派还只是一个小小的知合门事。

所谓知合门事，向来都是给外戚勋贵安排的职位，负责宫里的宴饮出游。

往不好听里说，就是给宫里的贵人当狗。

那年宫里不太平，皇上没什么本事还天天猜疑，猜疑群臣，猜疑亲爹，就信自家皇后，这皇后没有吕后武则天的本事，也没有刘娥的能耐，跟皇上贼配，天天都在作妖。

这两人在一起，就连皇上的亲爹死了，皇上都没去给太上皇发丧。

在忠孝为本的古代，原本就忍无可忍的群臣，终于不能再忍。

众人凑在一起，商议良久，有个声音悄然响起来，继而迅速传到所有人耳中，那声音说："不如行废立之事！"

当朝丞相听到这词，顿时就厥了，这会儿皇上连储君都没立，虽然嫡子只有一个，也不是不能去逼宫，去让皇上禅位，但干这事的人，能有几个好下场？

丞相说："哎呀，我觉得我明天会生病。"

众人一头雾水。

丞相说："溜了溜了，告辞。"

就这么着，丞相称病逃窜，众人群龙无首，人心浮动，对朝廷失望的越来越多，请辞的折子也越来越多。

倒是也有人想站出来，却又无法服众，再这么下去，朝堂里的正臣就要走光了。

白衣飘飘的书生叹了口气，大步站了出来。

书生思路很清晰，无论是逼皇上退位，还是主持好太上皇的葬礼，这个过程要想不流血，不动荡，那就必须得到太后的支持。

而要得到太后的支持，必然要一次次进宫为太后剖析局势。

那么问题就来了，由谁来一次次劝太后做成这件事呢？

书生四顾寻人的时候，蹉跎二十年，始终没有机会立功升迁的反派恰好把目光望过来。

两人四目相对，一拍即合。

反派去宫中联络太后，书生在外召集群臣，又调殿前司进驻大内，控制皇宫，最终使"宫廷政变"这四个血腥的大字，硬是平稳过渡了。

事后，新天子上任，肯定要重赏书生，把书生提为独相，真真正正的一人之下万人之上。

而反派就没这么好的待遇了。

当一切尘埃落定时，反派笑嘻嘻去找过书生，说："定策之功是您的，我好歹也有些苦劳吧，我这人没什么太高的追求，就是不想一辈子混吃等死，所以跟您这么赌了一场。如今既然赌赢了，您是独相，我当个节度使就此生无憾了。这年头，节度使又实权不大，没问题吧？"

书生不答。

反派脸上的笑一点点凝固下来，他尴尬着说："不至于吧？"

书生叹了口气说："国事维艰，内忧外患，还是不宜再开外戚论功的先例。"

那天秋风飘过，落叶轻摇，反派在风中静了几秒过后忽然一笑，拱拱手说："赵相公果然铁面无私，日后咱们各凭手段了。"

望着反派离去的背影，书生没再叹息，只眉目鬓角间又多了些风霜。

之后的许多年里，反派勾结其他勋贵，借传达圣旨之便利，在皇上那里屡进谗言，赶走了御史台的官员，安插上自己的亲信。

当书生反应过来的时候，御史台已尽是反派的党羽了。

其实曾经也有朋友劝过书生说："你让反派参与朝政，却不让他当节度使，还不如厚赏他然后不让他留在朝中呢，这玩意儿留在朝里祸害更大。"

书生悠悠道："当初他没做错什么，我凭什么把他赶出朝中呢？若是我如此用事，那是我首开党争之河，我不就是现在的他吗？"

朋友能怎么办，朋友只好拍拍他的肩膀说："没事，要死一起死吧。"

后来反派开始对书生出手，无论是书生本人还是书生的朋友门徒，都难逃毒手，像这位劝过书生的朋友，更是反派的重点打击对象。

因为这位朋友除却官职，还是一个闻名天下的大学者。

几百年后，人称圣贤。

这朋友名叫朱熹。

反派把什么乱伦、霸占尼姑之类的脏水都泼到朱熹身上，朱熹也是头铁，这种时候还在嘲讽，还说："这种无稽之谈能堂而皇之呈上来，那看来人家是真有证据啊？有证据我还辩驳什么，我认了不就是了，千秋万代之下，自有公论。"

遂被贬，连带着理学也一起被禁。

书生也没逃过反派罗织的罪名，当然归根到底，还是书生的名望太高，持身太正，又是皇室宗亲，总让皇上感到若有若无的压力。

当反派说出皇室宗亲为宰相，不吉。

这句话顿时就击中了少年天子的心。

成吧，眼不见心不烦，这老书生有多远滚多远吧。

书生一路被贬，为他喊冤的不计其数，书生这会儿反倒不显得老态了，他还笑着劝这群为他喊冤的朋友跟弟子，说："没事，看他的意思，是必要杀我而后快，无所谓，我死了你们就可以入朝为官了，记得要好好整顿江山，不要辜负大宋社稷。"

弟子们只是哭，书生洒然走向被贬的南方。

到任之后，暴毙当地。

也不知道是当地的什么人自作聪明，或者接到了反派的授意，真把书生给毒死了，又或者是书生完成了生命中的大事，自忖能得汗青一幅纸，便了无生趣，溘然长逝。

这书生的名字叫赵汝愚，而他的身死，同样是一场闹剧的开头。

赵汝愚死后，反派并没有因此大权独揽，反而在朝堂之上一片反对之声，乃至逼得他不得不解除党禁，重新起用理学门徒。

可这仍旧让他左支右绌，面对时不时飘来的鄙夷目光与明枪暗箭。

无眠的夜里，反派有时候也会想，我当知合门事的时候，是如今这个环境，我赌了一场，还把名满天下的书生斗赢了，为何还是如今的环境？

那我不白赌了吗？

反派咬咬牙，决心再赌一场。

他不甘心。

他要立下不世出的功业，要让所有人对他刮目相看，他就要站着，还把权力拿了。

反派醒来，决定准备北伐。

那会儿金朝已经迅速衰弱，跟大宋一样是内忧外困，朝中奢靡无度，天天党争，北方还有新兴的蒙古人按着他们脑袋在打。

反派总觉得这个场面似曾相识。

直到反派在档案库里发现了一封奏折，那封奏折敏锐的预言了金朝如今的状况，甚至还预言了时间，奏折里说，到几十年后，大宋真正的敌人会来自金朝的北方。

反派倒吸一口凉气，翻回去看那人的名字。

好怪。

叫辛弃疾。

年纪轻轻的天子，跟踌躇满志的权臣，两人一拍即合，北伐是肯定要北伐的,那这位叫辛弃疾的有识之士,自然要被叫来一起商讨。

反派万万没想到,老辛不赞同他立刻出兵。

辛弃疾还很认真地跟他分析:"局势虽然不错,但大宋内部争端太多,要主持北伐不说各方令行禁止吧,至少不能让人刻意拖后腿,到死都要党争。"

反派说:"哦。"

天子问:"那该什么时候才行?"

辛弃疾眉头一皱,这年他都六十六岁了,他说:"练兵、择帅、后勤调配,怎么也不是一两年的工夫能做到的。"

天子跟反派对视一眼,齐刷刷升起一个念头:"这厮老了。"

当然反派的年纪也不小,只不过这时候他忙着建功立业,听不进辛弃疾的话,只把他当成主战派的旗帜,丢去当绍兴知府兼浙东安抚使。

后来调任镇江知府,戍防京口。

忧心忡忡的老辛就在这个时候,登上了京口北固亭。

千古江山,英雄无觅孙仲谋处。舞榭歌台,风流总被雨打风吹去。斜阳草树,寻常巷陌,人道寄奴曾住。想当年,金戈铁马,气吞万里如虎。

元嘉草草,封狼居胥,赢得仓皇北顾。四十三年,望中犹记,烽火扬州路。可堪回首,佛狸祠下,一片神鸦社鼓。凭谁问:廉颇老矣,尚能饭否?

这首怀古之词,满怀忧愤之语。

你们这么打,跟当初刘宋的元嘉北伐有个什么区别,你以为你能封狼居胥,到头来无非是一败涂地。

我廉颇老矣,还是能打的。

你问了我又不用我,你问个什么劲儿啊……

从京口北固亭走下的辛弃疾终究拉不住反派跟天子,就像赋闲在家的另一位书生一样,那书生卧病在床,得知这个消息悲愤难平,留遗言上谏,说动兵残民,谋危社稷,吾头颅如许,报国无门,唯有孤愤。

随后就写了几句话留给妻儿,笔落而逝。

这位书生名叫杨万里。

小荷才露尖尖角的杨万里。

同样被请去京城的另一名书生,那书生也被反派好生款待,也请那书生为自己写文章,为国家编史书。

到最后,书生明知自己给反派写文会被讥讽,还是写了。

无他,就为了这东西是真能推动北伐。

这书生也有那么点儿薄名,叫陆游,陆放翁。

陆游连正经献策的机会都没有,全程被反派拉着写文章,连辛弃疾的待遇也没有,不过某种程度上来说,反派这么处理也没什么问题就是了……

陆游一头雾水。

总而言之，这场万众瞩目的北伐大业，就在这突如其来的异想天开里发生了。

当北伐真正开始的时候，终究是激荡人心的，如那檄文所写：天道好还，中国有必伸之理，人心效顺，匹夫无不报仇之心……一时荡起多少豪杰。

底层军官里蹦出来一个毕再遇，无论是正面硬刚，还是奇谋夺城，乃至几次断后，从没让金兵从他手里讨到半点儿便宜。

这更让大宋君臣看到了曙光。

只可惜毕再遇虽勇，却也敌不过大宋士大夫的狗脑子。

关于这场北伐，反派准备了两个进攻战场，无论是两淮还是蜀中，两只拳头能砸出去一个，都能取得大胜。

然而两淮指挥官一败再败，换上来的指挥官更是私底下跟金人和谈，按兵不动。

至于西线就更加离谱，指挥官吴曦当场叛变，自称蜀王，要献四郡给金人，削发称臣，还好分分钟就被杨巨源、李光义、安丙三人率死士闯门，杀之以振军心。

这消息一个接着一个，反派刚看到吴曦叛变，就发现吴曦已经被杀。

刚看到吴曦被杀，又听到李光义大破金兵。

反派还没来得及开心，几天以后就看到战报，说四川那边，安丙为了争功，冤杀李光义，毒杀杨巨源，断送了从蜀中出兵，北伐金人的大好时机。

落木萧萧,凄风苦雨,反派脸上的表情极其古怪。

像是要哭,却偏偏笑出来。

说它是笑,也难免不太对,那双眼里透着股悲凉,跟初春的料峭融为一体,他四下看看,想跟人说一句"大宋这半壁江山也不会太久了",竟也找不到人可倾诉。

那些深沉的、慷慨的男儿,到死心如铁的执着,铁马冰河入梦来的念念不忘,就因为这些卑劣小人的举动,轻而易举落空了。

罢了,回头。

反派自掏腰包,拿出二十万补助军需,希望前线撑住的同时派人和谈。

只是反派没想到,金人开出的和谈条件里,除了增加岁币,给他们赔偿款,把宋国对金国的称呼改成叫大爷外,还有一个必诛首恶。

这是从杀岳飞那会儿流传下来的"好习惯"了。

反派这辈子没做过几件实打实的好事,但为岳飞追封鄂王,削去秦桧的王爵,实在是大快人心。

但他没想到,自己能跟岳飞一个待遇。

反派怒极反笑,他说:"好啊,那就让金人看看,大宋的儿郎里无论善恶忠奸,总有人不屈不挠!"

那年,反派还是说服了天子,要继续北伐,这次他收起了自己立功争权的心思,他开始认真整顿军备,去请辛弃疾来当枢密院都承旨全权指挥。

只是辛弃疾等不了了。

从老家赶来的路上,辛弃疾病逝途中,只留下三声杀贼。

而反派也没能完成这次北伐,他在上朝途中,被礼部侍郎史弥远联合皇后,或出于夺权,或出于投降之心态,发动殿前司,将反派截杀。

大好头颅,送去给金国投降。

自此以后,天子沉迷修道,史弥远大权独揽,远离京城的陆游写下但悲不见九州同,写下家祭无忘告乃翁。

只可惜永远等不到他的王师去北定中原了。

反派正是《宋史·奸臣传》里的韩侂胄,他应该怎么都想不到,自己会是那般死法。

自己做一个小人的时候,排挤忠良,大权在握,自己想做一件英雄事业,却死于小人之手,头颅还要送去敌国请降。

就这样一个死法,韩侂胄也不该在奸臣传里。

为了党争在四川杀害同袍,不去北伐,最后还官至少师的安丙没进奸臣传,同在朝中争权的韩侂胄凭什么成了大名鼎鼎的奸臣?

九泉之下,韩侂胄举目无亲,他怀揣这个疑问,还能去问谁呢?

目光绕过一周,或许能对上的那个人还是最初的赵汝愚。

我想赵汝愚的回答应该也很简单。

你是奸臣，也是宋人。

那些人不配当宋人，不配站在这片土地上，承载它一脉相传的文明。

从前有位并不出名的书生,头特别铁,十几年寒窗刚熬过去,就开始跟皇室子弟怼。

那会儿书生还在当县尉,正是灾荒时日,书生忙着赈灾焦头烂额,一道道命令发下去,发现赈灾的粮买不到了。

书生一头雾水。

属下说:"也不是说买不到吧,就是有人屯了粮,高价在卖,衙门里没钱了。"

书生拍案而起,说:"这谁干的?给本官抓了!"

属下说:"是浙西提刑,太祖十世孙,赵大人。"

书生无语了。

那书生能怎么办呢,皇室子弟就是犯了罪,也不是你能抓的,等你层层上报,灾民早凉透了。

书生点了人,说:"跟我去贴告示,所有米价皆按灾前。"

属下无语了:"显然赵大人是不会听的啊。"

书生说:"我告示都贴了,百姓都看见了,他听不听还有关系吗？"

属下没反应过来，书生就拉着他去贴，刚开始赵大人还不同意，结果灾民乌泱泱的，瞪大了眼珠子瞅他。

一言不合就可能开干。

赵大人无语了："算你狠！"

米价最终还是按原价卖了，灾荒得到控制，一切欣欣向荣。

只有书生比较惨，皇室子弟赵大人请他喝酒，堆着笑说："你何必要坏我的事？"

书生说："是大人在坏天下的事。"

赵大人说："只要你愿意帮我，我既往不咎，否则你会死得很难看。"

书生笑起来，霁月清风，说："大人尽管放马过来。"

赵大人沉下脸，慢悠悠喝着酒，说："安远这个地方你知道吧，最近那边有点儿乱，峒民要闹事，听说还动了刀兵，占了几个山头。"

书生点点头，他说："按大人的意思，安远这个地方很危险。"

赵大人笑着说："君子不立危墙之下，你好好想想。"

书生又笑起来说："君子不立危墙之下，是怕死的没有意义，义之所在，虽千万人吾往矣。"

"啪"的一声，赵大人怒而拍案。

这一声脆响传到京城，皇室子弟的力量动用起来，朝廷果然调书生去了安远。

孤身赴任,并无援兵。

那些年闹事的峒民连官兵都打不下来,书生从峒民的领地过去,九死一生。

书生头铁,书生要快刀斩乱麻。

他单车入山,朗声振动林梢,说:"我是新来的安远官员,求见你们首领。"

刀光如林,书生神色不变。

那天书生以三寸之舌,说降峒民,请峒民首领与自己一起去衙门归降, 还把官凭文书留在山中, 笑着对面前受苦的百姓说:"等我回来,我与你们一道上任。"

民乱遂平。

这会儿正是乱世,这么有本事的书生,朝廷当然就舍不得杀了。

几次升迁,书生到了四川境内。

正赶上北面的大军伪装成自己人,突袭而来,一路杀到城下,成都满城都是哭声。

到处都是奔走的读书人,往南逃,往东逃。

这些年里书生也是一样的爱民如子, 他的部下劝他快走,战场不该是书生待的地方。

书生劈手夺过部下的刀,说:"我为宋人,此为宋土,我没有离开的道理。"

遂逆流而上,与北人巷战。同袍战死,举家赴难,而书生也身负重伤,倒在血泊之中。

次日,北兵退了,部下哭着前来收尸,发现书生竟然还有一口气在。

那年书生"死而复生",惊动天下。

书生醒来时望着悠悠苍天,心想走过这一遭,还有什么可怕的呢?

从此更是置生死于度外,要改变沉朽的大宋。

进京城,平冤狱,直言朝政得失。

奈何改变天下,从来不是头铁就可以。固然以书生现在的声名,连奸相要害他都很难,但把他从京城赶出去,还是很简单的。

那日天子在奏折里看到许多官员奏请书生外放,天子说:"这不是那位死而复生的英雄吗?"

奸相说:"这位英雄长于治民,正该外任。"

遂把书生丢出了京城。

离开京城的那天,书生叹了口气,倘若能再来一次,他会不会选择其他的方式呢?

书生想了想,或许还是不会,腰一旦弯下来,就再也不能直回去了。

就此书生长年在外,提点刑狱,治理民生。

他的儿子也争气,同样是读书人,在前线凭一身大数据统筹的本事,把军务处理得井井有条,一向看不起文人的将军一改偏见,倚之为谋主。

只可惜这个天下,终究是救不回来的。

那年朝廷的武状元收复潼关,正要趁势练兵,而北人内乱,大好的时机,奸相又为中饱私囊,为自己权势,偷偷求和了。

还对天子说:"北人退兵,正是因为我孤身求和,说服了他们。"

至于是不是为了处理北人内部的纷争,天子不知道,天子迷之信任这丞相。

这时书生已经很老了,愤愤不平,又无能为力,他只能看着武状元辞官,再不问兵事。

武状元能怎么办啊,这一幕实在太熟悉了,秦桧还在朝,他不敢当岳飞。

大宋这半壁江山,还能有几日呢?

几年后,带着满腔遗憾的书生去世了,享年八十二岁,算是福祚绵长。书生名叫杨大异,是真的不怎么出名,而他那个意气风发的儿子更不出名。

他叫杨霆,我在史书里见到他父亲杨大异的时候,他在父亲的列传的最后一句话里笑了笑,那句话是:子霆,霆在《忠义传》。

我才知道这个意气风发的少年,在很多年后的蒙军南下之时,与城共存亡了。

满门忠义,掩卷之后,隐没在无边的历史长河中。

那年天下不太平，成吉思汗的铁骑已经踏破草原，顺势南下把女真人打得节节败退。

大金君臣面面相觑，最终决定出兵攻宋。

南宋朝廷一脸"我惹谁了啊我"的无辜神情。

其实这个道理也很简单，金国被蒙古人按在地上锤，那受到的损失总要有人埋单。

菜，就是原罪。

弱国永远没有讲道理的机会，你都不用管你惹了谁，别人想什么时候打你就什么时候打你。

正赶上大宋窥破了金国虚实，之前年年都交的岁币也不给了，什么叔侄之国也不认了，这就让金国更加愤怒。

你这么弱小还有胆子反抗？

那更要打你。

将军就在这样的年月里登上了战场。

嘉定十年，才二十二岁的小将人在襄阳，遥遥见到长江对岸的山上旌旗招展，金军乌压压一片盖过来,他不由有些沉默。

他爹拍拍他的肩膀,说:"怎么着,有点儿怕?"

小将摇摇头,他这几天的沉默不是在忐忑,或者是些微的恐惧,他说:"爹,我觉着这些金军,好像不强啊。"

他爹拍了一下他的脑袋,说:"放屁,你爷爷当初在岳爷爷手底下跟金人打生打死,连岳武穆都不敢说金军不强,你懂个屁。"

小将的眼睛亮起来,开始指点江山,说:"那时候的金军跟现在不同了,你看啊爹,要打襄阳必取樊城,如今金军想去樊城,从他屯兵的山上过来,必然会被我们发现,这个营扎的就是毫无章法啊。只要我们能提前在半路设伏,多造杀伤,这群人说退就退了。到时候衔尾追杀,他们能活回去一半我都算他们厉害。"

他爹蒙了。

他爹没想到,自家这个儿子如此有见地。

而看着儿子越来越亮的眼睛,他爹忽然明白了儿子前几天的沉默是因为什么,那不是别的,是一个不世出的名将对战场与生俱来的兴奋。

他就属于战场。

从这天起,为南宋江山续命数十年的名将登上舞台。

将军他爹听了他的分析,派兵去罗家渡埋伏,大败去往樊城的金军,随后沿路追杀,能回去的金军果然不足一半。

这次大战之后,将军他爹军功卓著,又迅速被派去另外一方战场上救火。

也就是在那方战场上,将军跟他爹阵中失散,将军跃马扬枪,瞥见阵中一抹白衣白马的身影,顿时大喝:"此吾父也!"

随后领兵冲阵,硬是把他爹救了出来。

顺手解了被围困的城池。

两年之后,金军又被蒙古揍了,没辙,故技重施还是来了南宋,又一次兵临城下。

这次被将军从小道领兵偷袭,连破十八寨,直接一波打退了金兵。

之后的几年里,将军凭军功一路升迁,老父亲看着自家儿子如此崭露头角,弥留之际也多了几分欣慰。

将军二十八岁那年,父亲辞世,正值战乱之际,由他来一点点接手父亲的旧部最为稳妥。

为父亲下葬之后,将军直起腰,转身望着家中兄弟,军中袍泽,还有更远处的万里江山,心说:"爹,放心吧,儿子会看顾好这一切的。"

天下越发乱了,金国一败再败,已迁都蔡州,金国的国公拉起十余万兵马不敢去蔡州驻守,反而要打蜀中的主意。

将军奉命去援,身先士卒打了一场硬仗,两方都立足未稳的时候凭自己多年带兵练兵的本事,硬生生在正面冲垮了金兵。

将军的兵法只有一招最常用——设伏。

只要双方接触了,交战了,对方必然会有下一步动向,这会儿将军就通过各方战报,准备预判对手动向。

国公的兵马撞上将军的埋伏,当即又是一场大败。

最终将军趁着大雨滂沱,山中黑云一片的时机,力排众议,摸黑突袭,大破金军,俘虏七万余人。

金国国公倒是逃了,可惜没完全逃成,被蒙古人抓了。

也是从这位国公口中,蒙古人得知大宋出了一位防守反击打得出神入化的将军。

围攻金国都城的大帅塔察儿记住了将军的名字。

孟珙。

这年冬天,宋蒙决议联军灭金,派孟珙统兵前去,要一雪百年来的耻辱,同时提防蒙古人灭金之后再度南下,重演靖康旧事。

任务虽繁重,孟珙当仁不让。

这次有孟珙,南宋终究不像北宋一样,打一个几乎要亡国的辽国,还被人家打得大败,只能用钱买几场胜利。

孟珙先是冲垮了试图阻击宋军的金兵,一路追杀到蔡州城下,随后又在攻城战中领兵冲锋,飞剑斩断钩锁,救下塔察儿的爱将。

塔察儿扬声大笑说:"南国之中,原来也有这等勇士!"

围城的日子里,塔察儿但有闲暇就去请孟珙打猎喝酒,谈论兵法,三杯耳热后,塔察儿盯着孟珙的眼说:"不如我们结拜为安达吧。"

孟珙洒然一笑说:"好,孟某正有此意。"

两人都是有识之士,看得清金国灭亡在即,也看得清蒙宋必有一战,说不清是彼此之间惺惺相惜更多一点,还是借机拉进关系,以窥虚实更多一点。

但总之这位跟蒙古大帅结为兄弟,又镇守襄阳的名将很快攻破了金国都城。

正月刚过,孟珙带着金国皇帝的尸身,还在蒙古人的地盘里跑了一趟北宋帝王陵寝,大礼祭拜,之后才回朝面见天子。

被孟珙震了一震的塔察儿虽然没有立刻南下,但架不住血气方刚的天子见了孟珙,见了金国皇帝的半截尸体,觉着自己又行了,要主动出兵。

粮草都没筹集好,北方被蒙古人破坏成什么样也没打探清楚,竟然就真的出兵了。

孟珙也不是没劝过,根本没人听,要么说他在争功,要么就是说他居心不良。

于是孟珙只能眼睁睁看着宋军缺粮之后,要么被困死在城中,要么被蒙古人的骑射钉死在城外。

孟珙叹了口气,他知道这一战后,蒙古南侵就必不可免了。

果然一年之后,他的结义兄弟塔察儿再次统帅三军,铁蹄南下,直至襄阳、随州、荆门等地全都失陷,朝廷才终于拎出孟珙来救。

孟珙长叹口气,披挂上阵。

塔察儿作为他的结义兄弟，当然知道孟珙用兵非同凡响，理都不理孟珙，直接转道，改变计划去夺江陵。

这是长江沿岸在京湖一带最后一个重镇，拿下江陵，蒙军便居高临下，想西就西，顺流而下，想东就东。

所以孟珙的神之预判又发挥了作用。

孟珙马不停蹄，几乎跟着蒙军的步伐，前后脚到了江陵，根本没给塔察儿甩脱自己的机会。

塔察儿眼睛眯起来，成，既然甩不开，那就打，蒙军天下无敌，还没输给过谁。

于是就被孟珙教育了一番，见识了到底什么叫水战之王。

孟珙手头上的兵马不多，但仍旧可以抢占先机，凭把守几个重要渡口封锁江面，接着每天都改换旗帜服饰，到夜里还沿江铺开层层叠叠的火把，告诉蒙军大宋别的没有，就是人多，援军一人一口唾沫都能淹死你们。

塔察儿没机会，也摸不清虚实，当即有点儿进退失据的意思。瞬间被孟珙抓住破绽，一场大战，救回的俘虏与造成的杀伤倒还在其次，主要是把蒙军的船都给烧了，火光冲天之际，塔察儿只能含恨退兵。

之后的几年里，宋廷总算认清了局势，不敢随意把孟珙调走，留他在京湖一带防备蒙军。

这才有了孟珙死守黄州，击退蒙军后一路收复襄阳，并将襄阳建成军事重镇的光辉成就。乃至蒙军攻入蜀中，也是孟珙出兵去救,他奔波在东西两线,眉头鬓角都是雪色,凭他高瞻远瞩的战略眼光,定下了几处名城或并不显眼的地方作为防御重镇,以点带面,打造出了南宋的纵深防御体系,一次又一次给蒙军以重创。

击退蒙军之后,孟珙还抽空整了整军。

大宋不杀士大夫,大宋军中太多将领因此弃城而逃。

反正大不了罢官或者贬到海南嘛。

那也没关系,朝廷不杀的人,我孟珙杀。

孟珙在蜀中整顿三军,将擅离职守的大将当即斩首,令蜀中军容焕然一新。

以这等强军,加上孟珙的眼光,当蒙古国主窝阔台病逝之时,宋军果断出击,连战连捷,烧了蒙军的几处粮草,收揽了不少兵马。

连蒙古主管河南行省的大官也要带兵投诚。

收复中原,可谓是近在咫尺,唾手可得。

当然得了之后要面对怎样的进攻,要如何组织防御也是难事,但终究是这样一个天赐良机,孟珙绝不能错过。

然而宋廷不许。

朝廷的意思很简单,无非是见好就收,别多生事端,咱们苟发育就好。

那是苟发育吗? 那分明是只想着苟且偷安!

而孟珙从京中相熟的朋友口中也听到另一番说法,朋友欲言又止，几次举杯才对孟珙说："如今你掌管蜀中京湖两线兵马，若是再有河南之地，俨然据有半壁江山，太祖之事在前，谁敢允你收复中原？"

孟珙哑然，半晌无语，只剩灰白的头发在空中乱扬。

沉默良久之后，孟珙突地笑出声来，他双目通红，一字字道："三十年收复中原之人，今日终于不得伸张志向！"

罢了，罢了。

孟珙当即向朝廷请辞，朝廷连场面功夫都不做，丝毫没有客气客气现在三军还离不开你的话，立刻就同意了。

孟珙再次默然，他想大宋这半壁江山，确实不会太久了。

他这一生奔波，也不过为大宋续命几十年而已。

就在孟珙辞官的几个月后，这位大宋朝最后的名将，病逝在江陵城中。

生前孟珙曾上过奏疏，提到日后金兵南下的三条路线，只可惜朝廷衮衮诸公，却并没谁真的放在心上。

孟珙离世三十三年后，元军南下，路线一如他生前所料。

宋亡。

第六部分

留取丹心照汗青：至死不屈的脊梁

【那个如玉的贵公子】

从前有个公子哥，长得特别帅，人称美皙如玉，顾盼烨然。

这位公子的行事作风，也十分符合他风流才子的定位，时常千金散尽，一群姑娘起舞堂前，他就跟朋友们饮酒赋诗。

公子还不同于唐伯虎，老唐一辈子郁郁不得志，人家公子二十岁就中了状元。

还是被国家领导人亲自接见的状元。

当时主持科举的大臣看了他的卷子，说："写这篇文章的人，忠肝如铁石，臣愿为朝廷贺。"

所谓春风得意马蹄疾，大概也就这样了吧。

有钱、特帅、有才华，还前途无量，这是我所能想到最好的开局。

可惜，剧情往往是急转直下的。

那时候，正赶上北方异族南下，铁蹄席卷而来，朝廷有亡国之危。

于是就有人提议迁都。

公子站了出来，声色俱厉，说："该斩了这个人，以定人心。"

几百年后，有个叫于谦的人这么干了。

不同的是，于谦稳住了朝局，我们的公子当时太年轻，反而被排挤出了京城。

公子一头雾水。

公子说："我不服，我还要骂！"

然后公子直到四十岁，都没怎么被任用过。

这样的故事其实很多，能在不得志的时候，还有歌姬、朋友、酒和诗文，公子已经不错了。

奈何世恶道险，英雄终究难逃。

那年，北方的铁蹄跨过长江，兵逼京城，朝廷里下诏，请天下人勤王。

仔细想想，朝廷得有多无能，才要去请天下人都来勤王？

更何况，还根本没有人去。

极其尴尬。

这个时候，正在江西提点刑狱的公子深吸口气，站了起来。

他说："乐人之乐者忧人之忧，食人之食者死人之事，天下都没有人去，我去。"

朋友劝公子说："你别去，你振臂一呼，不过只有万余老弱，去，就是找死。"

公子笑了笑说："朋友你看哪，国家养臣庶三百余年，今日垂危关头，向着天下征兵，却无一人一骑响应。"

"我深恨于此，所以不自量力，想要为这个天下陪葬。"

公子挥挥袖子，将朋友抛诸脑后，他的万贯家财也顷刻散尽。

都去征兵了。

那些美人在怀，美酒在杯的日子，从这一刻起便与公子再无关系。

可惜公子虽然领兵，但朝廷里领兵的大有人在，根本没有人听他说话，也没有人会尊重他的意见与号令。

哪怕那些都是真知灼见。

他四十多岁了，没有像二十岁时那样大声争辩、痛骂，而是一次又一次寻找机会。

寻找可以击破强敌，力挽狂澜的机会。

可惜他没有这个机会。

他的兵马被一次次打散，他在乱军之中一次次经历生死危机，他都挺了过来。

他不是没被抓到过，抓到之后，他当面骂了敌营首领一顿，竟然又逃了出去。

那一路上，他掉进过坑里，被自己人当成投敌者通缉过，还迷过路，遭遇过敌兵，但竟然都没有死。

公子安全之后，再度站上高台，仍旧是振臂一呼，又去领兵抗战。

不错，公子就是南宋丞相文天祥。

那些年里，他的同僚纷纷投降，甚至皇帝都降了，他还行走在乱尸之间，固执地征战着。

敌营大将抓住了他，让他给还在抗战的人写劝降信。

丞相笑了笑，写下了一首诗。

人生自古谁无死，留取丹心照汗青。

写完还很讥讽地看着对方，对方能有什么办法，对方又想杀了他，又只能退下。

其实那些叛徒们才是最想让丞相死的人，丞相不死，他们活在世上就都是小人。

所以这些人不断进言，让忽必烈杀了丞相。

本来忽必烈还在犹豫，因为丞相降了，天下才算降了。

于是把丞相关在暗室之中，暗室长只有不到两米，连转身都困难。他们心想死你不怕，活着你也不怕，但无边的黑暗与孤独你总该怕了吧？

丞相不怕，因为丞相就是光，丞相心中还有无数个朋友在。

在秦张良椎，在汉苏武节，为严将军头，为嵇侍中血。

正所谓一点浩然气，千里快哉风。丞相从暗室里出来的时候，我想他一定仍旧是那个美皙如玉，顾盼烨然的文天祥。

即便他吃喝拉撒都在斗室之中，也还是帅的。

308

忽必烈长叹口气，忍了。

不忍不行了，元大都里已经有人搞事，密信满天飞，要救文丞相出狱，还把忽必烈手下的宰相给刺杀了。

再不杀文天祥，怕是真的杀不了了。

但是为什么呢，皇帝都降了，你究竟为谁而战？

千年以下，这个问题仍旧被争论不休。

我没有办法回答，如果一定要回答，那个字就是"道"。

道之所在，虽千万人吾往矣。

那天，打遍天下无敌手的蒙古人终于发现自己有无法战胜的人。

忽必烈问丞相说："汝何愿？"

丞相说："愿赐之一死，足矣。"

忽必烈再也没有话说，他点点头，向丞相认输了。

那天晚上，丞相回顾自己这一生，写下了血字遗书，藏在衣带之中：

孔曰成仁，孟曰取义，唯其义尽，所以仁至。读圣贤书，所为何事，而今而后，庶几无愧。

曾经的贵公子，如今永远定格为大宋丞相，他弯腰向南一拜，慨然赴死。

拜那故去的天下，也拜那逝去许久的风流佳公子。

> 死去元知万事空,但悲不见九州同。
>
> 王师北定中原日,家祭无忘告乃翁。

这是那首著名的《示儿》诗,南与北正分裂的时候,杭州的歌舞,还在吹拂着暖风。

陆游的呐喊,显得如此微弱。

许多年后,元军南下,江南沦陷,元军掘了南宋历代天子之墓,取其陪葬品,而将这些天家尸骨,弃之荒野。

荒丘枯骨,几处寒鸦。

寒月悲笳响彻江南,宋人的热血似乎已随旧时代遗落尘埃,在所向无敌的铁蹄下隐没无闻。

兵荒马乱里,一个乞丐混进了杭州城。

乞丐一路来到守陵的元军面前,元军驱赶着他,令他赶紧离去。

乞丐没有说话,从破烂的背篓里夹出一包银牌。

寒月下熠熠生辉。

元兵警惕起来说："你是何人，想做什么？"

乞丐叹息说："收骨人而已，不奢望收全天家骨肉，单求高宗、孝宗二朝。"

元兵说："你这是死罪，你可知道？"

乞丐又说："我是死罪，但金银无罪，我背篓中还有枯骨数具，以假乱真，二位大人不必担忧。"

那年，杭州风平浪静，似乎全无风波。

而南宋天家尸骨，竟被一个个读书人乔装打扮，居中安排，有钱的贿赂取骨，无钱的巧计偷窃，全数安葬回地下。

并于土堆前种满了冬青树，以作标记。

人称：冬青之役。

这位乞丐名叫林景熙，同样是知名诗人，宋亡隐居，著述育人。

其中《蜃说》一篇，讲的是海市蜃楼，小学初中似乎还学过，末句说：

> 噫嘻！秦之阿房，楚之章华，魏之铜雀，陈之临春、结绮，突兀凌云者何限。
>
> 远去代迁，荡为焦土，化为浮埃，是亦一蜃也。何暇蜃之异哉！

那杭州的绮丽繁华，也如海市蜃楼般一梦了。

311

只是偶尔在梦中，还会想起冬青之役。

林景熙醒来时怅然若失，几度提笔写诗，那年那事都注定不能流传。

独有春风知此意，年年杜宇哭冬青。

其实得知林景熙此人，很是巧合。

陆游那首《示儿》诗，许多人看过，也写过批语。

林景熙当然也看过，他又题了一首新诗。

我就是因为这首诗得知了林景熙。

九州还是那个九州，天下大势分久必合，如今再度同归一朝。而盘踞北方、灭亡北宋的大敌，也被王师平定。

陆放翁啊，你许下的愿望都实现了。

只是，我要如何对你说呢？

青山一发愁蒙蒙，干戈况满天南东。

来孙却见九州同，家祭如何告乃翁？

家祭如何告乃翁啊？

《南村辍耕录》载：岁戊寅，有总江南浮屠者杨琏真珈，怙恩横肆，势焰烁人，穷骄极淫，不可具状。十二月十有二日，帅徒役顿萧山，发赵氏诸陵寝，至断残支体，攫珠襦玉柙，焚其骨弃骨草莽间。

宋太学生林德阳,字景曦,号霁山。当杨总统发掘诸陵寝时,林故为杭丐者,背竹箩,手持竹夹,遇物即以夹投箩中,林铸银作两许小牌百十,系腰间,取贿西番僧曰:"余不敢望收其骨,得高家孝家斯足矣。"番僧左右之,果得高孝两朝骨,为两函贮之归,葬于东嘉。……林于宋常朝殿掘冬青一株,植于所函土堆上。

《宋人轶事汇编》载:陆放翁一绝云:"死去元知世事空,但悲不见九州同。王师北定中原日,家祭无忘告乃翁。"林景熙题放翁卷后云:"青山一发愁蒙蒙,干戈况满天南东。来孙却见九州同,家祭如何告乃翁?"

三
————

这些天太和县总是下雨，给人当针工的刘士昭抬头张望，只能看到层层叠叠的铅云。

墨云拖雨过西楼，水东流，晚烟收。

刘士昭最近总是想起这句词，他想，这该是苏大学士的诗，但后边是什么来着，竟然记不清了。

他心底里忽然涌起一股悲伤，这首词已经是他唯一记得的文字了，现今还是忘了。

刘士昭决定去找他的朋友王士敏喝酒。

他们小时候都读过几年书，也曾经幻想自己成为书生，名扬天下，或者经世济民。

奈何家贫，他们也不是范仲淹、欧阳修，虽然家贫却天纵奇才，可以过目不忘。

几年书读下来，记住的东西没几句。

王士敏拍拍他的肩膀说："没事，日子嘛，总是要过的。"

刘士昭喝着酒,半醉半醒,对着太和县的风雨自顾说:"我把从前的书给忘了,从前的自己也忘了,老王,你说我活着有啥意思呢?"

王士敏说:"人不都是这样吗,无论如何也得活下去。"

最后刘士昭烂醉,还说:"我真想去县令家里转转,把他家的书翻出来再看几眼。"

王士敏说:"你哪有这个机会呢?"

刘士昭就很无奈,王士敏说得好呀,他说:"无论如何,你次日醒来之后,还是要去上班,去置办产业,娶妻生子,像所有大宋王朝的百姓一样,默默无闻地活下去。"

刘士昭偏不,他三天两头就会去找王士敏喝酒,然后把自己的银子扔给老王,说:"你替我生活去吧。"

王士敏哭笑不得,总觉得刘士昭像个永远长不大的孩子,又像个没有才华空有书生气的苦命人。

那年天下不太平,北方的元军南下,他们的铁蹄能踏出黑色的火光,手里的刀光劈落下来就化作猩红的血液。

刘士昭很慌乱,他匆匆来找王士敏,说:"打仗了!快打过来了,我们跑吗?"

王士敏倒很淡定,这些年来,他自己开了小店,他说:"没事的,无非是江山易主,我们平头百姓该怎么过日子,还是怎么过。"

在刘士昭惴惴不安的日子里,元军很快打到太和县,悍勇的蒙古人只用了几百人的部队就攻陷了这座小小城池。

刘士昭躲在屋子里，从窗棂的缝隙中向外窥视。

他看到溃逃的宋兵砸烂王士敏的店，想抢些东西出城，被追来的元军一刀砍翻。

他看到自己置好的土地被元军践踏，半生的奋斗付诸东流。

他还看到元军把躲在屋子里的小姑娘揪出来，姑娘拼命抵抗，下场就是被一刀劈成两半。

那是真实的一刀两断，血肉模糊，五脏六腑流了一地。

刘士昭感觉自己站不稳，却又无法移开目光，大腿附近似乎还有些温热。

好像失禁了。

刘士昭还在看，他发现元军开始放火了，元军冲进县令的府邸，把县令家里的书通通推倒，然后一把火烧向天空。

刘士昭突然能站稳了，他的双手狠狠扣进窗户里，有一股力量突然注入他的胸膛，这是比恐惧更加强大的力量。

刘士昭很愤怒。

他想，你们怎么能把这些书都烧光呢，书里有苏大学士，有范老夫子，你们凭什么都烧光呢？

那天刘士昭没有冲出去，大火把所有的书籍都烧成飞灰之后，他才恢复了对身体的控制。

夜里刘士昭去找王士敏，他说："我要报仇，我要收复太和县。"

王士敏一头雾水。

王士敏说:"为什么?"

刘士昭说:"我也说不清楚,但我要跟他们拼命。"

王士敏沉吟片刻,说:"是因为他们烧了书?"

刘士昭说:"我不知道,他们不烧我也读不到,我没资格生气的。"

王士敏说:"那我再问你,你凭什么跟他们拼命?"

刘士昭说:"我也不知道,你帮我出主意吧。"

王士敏无语了。

王士敏长叹口气,说:"这是掉脑袋的事,我为什么要帮你?"

刘士昭说:"你是我的朋友。"

王士敏又是久久的沉默,最后骂了刘士昭一句,说:"我这辈子就不该碰见你。"

王士敏说:"这座城里一定有更多对元军有仇恨的人,你把他们找出来,去杀了元军的统领,墙倒众人推,未必没机会。"

阴云连绵的日子里,太和县的针工刘士昭,发起了一场在历史里毫不起眼的行动。

他们毫无疑问地失败了,被轻而易举地抓进牢里。

伤重的刘士昭突然想起了苏轼那首词,末句是"试问江南诸伴侣,谁似我,醉扬州"。

那年春光明媚，小刘士昭兴奋地去找小王士敏，说："以后我们成了名，也去扬州吧！"

刘士昭惨然一笑："现在已经没有扬州了。"

自尽身亡。

而那些身怀血仇的百姓，大多跪地求饶，王士敏一直看着刘士昭的尸体，似乎过了很久以后，他想："老刘已经死了，我何必跟他去死呢，我不如也跪下来求饶。"

他这么想着，突然听到一个极慷慨的声音在痛骂元军，他想是谁这么大胆子，片刻后他回过神来，原来这是他自己的声音。

罢了，一死而已。

《宋史》载："刘士昭，太和人，尝为针工。与乡人同谋复太和县，败。"

血指书帛云："生为宋民，死为宋鬼，赤心报国，一死而已。"

因以其帛自缢死。

其党入狱，多乞怜苟免。

有王士敏者，独慷慨不挠，题其裾："此生无复望生还，一死都归谈笑间，大地尽为腥血污，好收吾骨首阳山。"

临刑叹曰："恨吾病失声，不能大骂耳。"